Algumas ideias sucintas para a

Psicologia:

enquanto ciência e profissão em construção

Algumas ideias sucintas para a Psicologia: enquanto ciência e profissão em construção

Ficha catalográfica

S862a Brito, Diego, 1982 -
Algumas ideias sucintas para a Psicologia: enquanto ciência e profissão
/ Diego Brito. – Belo Horizonte: Amazon, 2019. p.202.
.

     ISBN13: 9781097454211
       1. Ciencias Humanas- 2. Psicologia

I. Título

                  CDD: 300
                  CDU: 159.9

Diego Brito

Dedicatória

"Dedico este livro a todos os psicólogos(as) que fizeram e fazem da ajuda ao próximo o seu farol e que, com seu trabalho, engrandecem a cada dia o significado sobre àquilo a que chamamos de humanidade."

Algumas ideias sucintas para a Psicologia: enquanto ciência e profissão em construção

Sumário

Diego Brito

Introdução

Esta pequena exposição tenta reunir e sintetizar algumas ideias e considerações que, aos olhos do autor, podem ser úteis para o aperfeiçoamento da psicologia enquanto ciência e profissão. Trata-se apenas da reunião de sugestões, observações e considerações que, ao seu ver, podem contribuir para o desenvolvimento da ciência e profissão no geral. O trabalho realizado aqui está mais para um epistemológo da ciência do que um pesquisador profissional da psicologia especialista da área. Acredita-se que a verificação, análise e consideração de novas possibilidades é um processo necessário para qualquer pessoa, instituição, sociedade ou país. Sobretudo para uma disciplina cientifica e profissão. O tempo presente que o diga, pois nunca antes na história da humanidade, ocorreram tantas mudanças e inovações quanto agora e, de modo exponencial. Talvez tenha sido esta postura de abertura ao novo (com criticidade), vital para a sobrevivência da espécie ao longo dos tempos. Até onde se

5

Algumas ideias sucintas para a Psicologia: enquanto ciência e profissão em construção

sabe (o autor) os conhecimentos científicos tratam-se de um bem público, ou seja, de um patrimônio da humanidade sobre o qual todos têm o direito de usufruir. Seja na condição de usuário, seja na condição de operador de um determinado saber. Ainda que, em muitos momentos, ocorra a privatização de muitos dos produtos de suas criações. Ou seja, constituem num bem público mesmo que uma pessoa ou instituição, fazendo uso dos conhecimentos científicos, crie bens e serviços sobre os quais passa a ter propriedade exclusiva.

Diego Brito

A Psicologia como uma ciência integral

"Uma Psicologia nova é possível"

A impressão que se tem quando na relação de uma teoria psicológica com outra é que as psicologias parecem vivenciar uma espécie de "guerra civil". E o mais triste de uma guerra civil é que os povos de uma mesma nação, que convivem sob as mesmas fronteiras e que compartilham de muitos valores comuns, violentam uns aos outros. Não é preciso nem dizer o quão significativo pode ser o dano causado a uma nação quando passa por uma destas experiências. Pois uma nação precisa trabalhar de maneira unida e cooperativa para triunfar e se manter viva. Do contrário, qual a razão de ser de uma nação? Penso que o mesmo deveria ocorrer com uma ciência. Quero dizer que os membros que nela trabalham, principalmente seus teóricos e cientistas tendem a esforçarem-se em conjunto para seu desenvolvimento. Isto para continuamente encontrarem o *"melhor saber possível"* sobre os diversos fenômenos que se propõem a abordar e os diferentes problemas que visam

7

solucionar. O que não quer dizer que não ocorra um confronto entre as diferentes teorias e visões. Confronto este inclusive necessário para que o "melhor saber" acerca da explicação de um determinado fenômeno, ou referente à utilização de uma técnica para se solucionar um determinado problema triunfe. Ou seja, pode-se existir sim uma explicação melhor sobre algo ou uma maneira melhor de se fazer algo em relação umas as outras. É aí que entra o papel da comunidade científica, descobrir quais são elas. Pois no final deste processo têm-se como resultado a evolução da ciência e da técnica. Mais importante ainda é destacar que no fim o objetivo último não é, ou ao menos não deveria ser, o triunfo de uma determinada explicação ou técnica por ser mais elegante ou devido ao interesse de um ou outro profissional. E sim, no caso da teoria, por melhor explicar (baseada em dados) a constituição e o funcionamento de um determinado fenômeno e\ou sistema. E, no caso da técnica, solucionar um problema com mais eficiência e eficácia. No entanto, mesmo nas divergências teóricas decorrentes nos diferentes campos das ciências, existem pontos em comuns de encontro e consenso que vão sendo construídos com o passar do tempo. Ou seja, não parece ocorrer uma "guerra total" intra estas ciências, e sim divergências ou arestas específicas a serem aparadas.

Mas pareceu-me que no contexto da psicologia estas divergências são mais acentuadas. Talvez devido suas diversas e diferentes teorias que pretendem trazer explicações acerca dos mesmos fenômenos e estruturas que desejam inteligir. Bem como maneiras de abordar os problemas que desejam tratar de modo radicalmente diferente, a começar pelos seus princípios. Ou seja, não estamos falando de aparar arestas e sim de projetos diferentes, de visões diferentes e até, de objetos de pesquisa diferentes. Em outras palavras, não se tratam de pequenas diferenças, mas de grandes diferenças. Acredito que as diferenças podem sim ser interessantes e enriquecedoras, mas no meu entender a psicologia precisa buscar pontos de intercessão entre as "psicologias" de maneira a estabelecerem uma melhor comunicação e integração. Quero dizer que julgo ser necessário que, de modo não simplista e reducionista, as psicologias se esforcem para estabelecer pontes de comunicação. O professor Milton Santos escreveu

Algumas ideias sucintas para a Psicologia: enquanto ciência e profissão em construção

um texto (disponível em seu site: http://www.miltonsantos.com.br/site/) que adverte sobre a fragmentação da Geografia em várias geografias, e sugere que não deve haver várias geografias e sim uma que comporte as demais. Para isso um ponto importante se encontra na adoção de padrões, porque eles permitem estabelecer referências que possibilitam a compreensão comum. É preciso então se estabelecer mecanismos para uma produção de conhecimento "controlada". Uso o termo controle no sentido em que não é qualquer teoria, produzida sem critério algum, que possa ser considerada como parte de uma disciplina cientifica. Uma pessoa não pode simplesmente acordar em seu consultório e dizer que agora criou uma "nova psicologia" ou uma "nova abordagem psicológica", juntar meia dúzias de referências bibliográficas, escrever um livro e procurar a mídia para comunicar sua "criação". As coisas não podem se passar assim (não estou dizendo que as coisas acontecem assim na psicologia). Precisa existir um sistema de triagem e seleção com rigor para se adicionar novos saberes a disciplina. Este processo precisa estabelecer certos critérios. Por exemplo, se apresentar o modo como recolheu os dados e se validar a qualidade destes, aspectos qualitativos e quantitativos da(s) amostra(s), se o fenômeno pode ser reproduzido de algum modo ou ser observado por outras pessoas, a lógica inerente ou embutida na teoria, o embasamento com base ou entrelaço com outras teorias já consolidadas ou aceitas, o respeito as leis já provadas de e em outras disciplinas, a experimentação, os resultados práticos obtidos, a construção de ferramentas como testes e abordagem que consideram os conceitos básicos ou fundamentais da ciência (cérebro, mente, emoções, personalidade...), a construção de consensos entre os profissionais, etc. Uma ideia consiste na possibilidade de publicação em sites e revistas científicas oficiais e exclusivas para a disciplina dos artigos que atendam a alguns dos critérios descritos. De modo semelhante a Nature, por exemplo. Bem como a produção de uma espécie de enciclopédia oficial da psicologia (os conselhos a oficializaria) com mais de um volume se necessário (mas resumindo as teorias e expondo apenas os principais conceitos e não toda a obra de todos os autores), onde nesta só se cataloga os melhores saberes,

Algumas ideias sucintas para a Psicologia: enquanto ciência e profissão em construção

teorias, autores, conceitos, abordagens e técnicas. O objetivo consiste em servir como referência básica para os profissionais da área de modo a não ficarem divagando entre uma teoria e outra, abordagem ou outra, livro ou outro, etc. Visto que existe muito material produzido nesta área por aí sendo difícil selecionar áquilo que realmente tem importância para a disciplina e formação básica do futuro profissional. O estabelecimento de certos critérios tem como objetivo garantir que uma ou outra determinada contribuição para a ciência que um pesquisador pretende oferecer venha de fato a agregar valor científico à mesma e progressão do campo. Do contrário precisa ser descartada. Mais importante do que existir muito conteúdo é melhor trabalhar com menos conteúdo, mas de maior qualidade. Inclusive para o aprendizado e manipulação. Para que as pessoas compreenda e acredite numa teoria, ao ponto de aderirem a visão acerca de um determinado fenômeno e/ou adotarem a nova técnica a exposição precisa ser clara. O mais simples e compreensível possível, apresentar as fontes dos dados, os conhecimentos básicos em que se baseia entre outras características. E não vejo nada de errado nisso. Afinal de contas o que tem de errado em ser transparente? E não se trata de ser um defensor ou um "seguidor" da metodologia positivista ou qualquer outra que seja. Trata-se da adoção do princípio mais simples e básico de todos, o da honestidade e transparência. Se nos baseamos em dados e comprovamos com fatos a ocorrência de determinados fenômenos não precisamos simplesmente acreditar na fala de uma ou outra pessoa. Pois não é simplesmente o discurso de alguém que vai validar ou não a ocorrência de um determinado fenômeno, e sim os fatos. Podemos através da verificação dos dados acompanhar seu raciocínio e concluir se esta pessoa está correta ou não. Estes princípios certamente não eram estranhos aos principais teóricos da psicologia, bem como a seus fundadores, tanto é que Wundt na Alemanha faz uso de um laboratório e tentou reproduzir o resultado de suas investigações, Pavlov, Watson e Skinner o mesmo. Freud era médico e efetuava investigações sistemáticas baseadas na observação clínica e na escuta, chegando até mesmo a criticar Jung por seus desvios da lógica científica. Bem como a escrever um texto sobre o projeto de uma psicologia científica.

Algumas ideias sucintas para a Psicologia: enquanto ciência e profissão em construção

E mesmo Roger, que tinha a pessoa como centro com toda a sua diversidade, se esforçava para reconhecer padrões. De modo algum afirmo que a psicologia deva se a ter a esta ou aquela metodologia, mas que deveria sim se esforçar para continuamente identificar e estabelecer padrões (ainda que variados), bem como definir critérios claros de produção e validação de seus conhecimentos e teorias sempre que possível com base em evidências. A razão pela qual estes e outros homens esforçaram-se para cientificar seus saberes (empregar o método cientifico) é simples, conhecer mais efetivamente o modo como as coisas funcionam, apresentar provas sobre e, se possível e necessário, efetuar as devidas intervenções. Logo, se conhecemos (de modo assertivo possível) como um determinado fenômeno funciona, talvez possamos intervir nele de maneira mais precisa. E para isso usa-se o método cientifico com base em evidências porque este oferece mais segurança e precisão acerca do conhecimento de algo.

Nesta linha, ao aperfeiçoarmos os nossos saberes sobre uma determinada coisa, podemos desenvolver técnicas cada vez mais eficientes para uma intervenção mais bem sucedida.

Diego Brito

Quero dizer que podemos cada vez mais, com maior precisão e assertividade, resolver os problemas que nos dispomos a tratar. É verdade que no contexto social os produtos das ciências, em geral, aliadas com a atividade humana vêm trazendo problemas graves. O que nos faz observá-las com certo ceticismo. Mas acontece que os problemas sociais que no presente vivenciamos não são decorrentes exclusivamente do desenvolvimento científico, e sim da maneira irresponsável como o utilizamos, bem como do modo como vivemos. Foi o desenvolvimento científico e tecnológico que permitiu que nossa expectativa de vida fosse ampliada. Seja no Capitalismo, no Socialismo ou em qualquer outro modelo econômico que a humanidade venha a implantar, o desenvolvimento científico é importante e necessário. Tanto é que um dos projetos dos socialistas russos que desejavam internacionalizar a revolução era o de implementar o socialismo, com certa urgência, na Alemanha. Porque esta, diferentemente da Rússia, possuía um alto grau de desenvolvimento tecnocientífico em relação a Rússia. E, apesar das críticas, as pessoas querem sim ter acesso aos produtos das ciências. Quem não deseja um atendimento médico de qualidade quando doente? O fato dos homens fazerem mal uso do saber científico, utilizando deste para a obtenção de propósitos individuais e egoístas, não significa que o desenvolvimento técnico-científico seja algo ruim. Muito dos trabalhos hoje de natureza ruim e desumanizante podem e devem ser transferidos para as máquinas e não delegá-los para outros seres humanos. O desemprego estrutural precisa ser combatido via políticas públicas compensatórias e não delegando tarefas de natureza ruim e desumanizante para as pessoas, sobretudo se as máquinas podem fazer isso. Pensando ao contrário deveríamos então destruir os caminhões, tratores, trens, fábricas, usinas, energia elétrica, computadores, celulares... todos estes são produtos provenientes da produção de ciência e tecnologia. O problema não está na ciência e tecnologia, mas no seu mal uso. Ou seja, nas pessoas. A internet, redes sociais, o software que escrevo este texto... não são ruins. E sim o mal uso destes é que é ruim. Se todos esses avanços técnico-científicos fossem colocados a serviço das pessoas e do bem comum o mundo não seria melhor? O caminho não é demonizar a ciência e os avanços tecnológicos, mas melhorar o uso destes a começar pelo desenvolvimento das pessoas de modo integral. Em Sobre História, Hobsbawm, faz uma crítica a esta tendência das ciências humanas de relativizar a objetividade dos fatos. Em ciência, seja ela qual for, precisamos falar daquilo que existe ou existiu e isto não tem discussão. Podemos, às vezes, não ter uma percepção clara das coisas. Mudar de paradigma e reconhecer que existe uma complexidade muito maior nos fenômenos em relação ao que antes percebíamos pela via da linearidade. Como Heisenberg, introduzir a incerteza em nossas certezas. O que acredito que não podemos em ciência, seja ela qual for, é discorrer sobre àquilo que não existe, deixando de lado a objetividade dos fatos. Isto não quer dizer que não podemos, como queria Milton Santos, pensar a Geografia junto com a arte e a filosofia. O que não devemos é deixar de distinguir as diferenças entre os diferentes tipos de saberes, bem como as suas especificidades. Ou seja, podemos pensar uma disciplina junto a outras, mas não misturá-las. O que é diferente.

Algumas ideias sucintas para a Psicologia: enquanto ciência e profissão em construção

Partindo desta visão talvez seja interessante refletir sobre o modo como os conceitos são formulados na psicologia, na verdade uma tendência das ciências humanas de modo geral. O termo psicologia tende a ser associado a tudo quanto é teoria psicológica, o que dá a impressão de que existem várias psicologias. Psicologia do esporte, Psicologia empresarial, Psicologia social, Psicologia humanista, Psicologia humanista-existencial e uma porção de outras psicologias. Na verdade, entendo que se deveria existir apenas uma psicologia que englobasse todas as outras, a começar pela formulação dos conceitos. Nesta linha evitar-se-ia nomear uma teoria psicológica precedendo-a com o termo psicologia, podendo-se pensar em outras nomenclaturas como Análise psicológica do contexto social   ou invés de Psicologia social, Psicologia aplicada ao contexto esportivo, empresarial, forense, educacional, etc. E não uma psicologia que pertence a um determinado contexto ou construída para um determinado contexto específico. Ao contrário se aplica ou leva os saberes e técnicas universais da ciência psicológica para diversos contextos distintos com adaptações específicas. É bem diferente uma coisa da outra. Ou Abordagem humanista existencial ao invés de Psicologia humanista-existencial. Partindo do princípio que esta se trata, principalmente, de uma abordagem e não necessariamente de uma teoria psicológica que visa explicar o funcionamento pleno da mente humana e\ou do comportamento humano. Ainda que intente contribuir, em meio aos seus saberes, para a elucidação dos princípios que regem a ambos. No mundo real não existem várias psicologias, tal como não existem variadas biologias, químicas, matemáticas, físicas, medicinas... porque os objetos de estudos são os mesmos. O que existe são subdisciplinas de uma disciplina maior que é fragmentada. Por exemplo, o cérebro com suas partes, a sociedade com suas estruturas e dinâmicas. O que existe de fato no mundo real são alguns fenômenos, manifestações e estruturas tal como a mente, cérebro, personalidade, identidade, comportamento, subjetividade, emoções, atenção, inteligência, pensamentos, linguagem, aprendizado, modelos sociais, patologias (distorções da mente, comportamento, cérebro) que a psicologia por sua vez tenta compreender (alguns elementos

Algumas ideias sucintas para a Psicologia: enquanto ciência e profissão em construção

descritos podem fugir do escopo da psicologia) e produz algumas técnicas para isso como a psicanálise, psicoterapia, hipnose, testes e outras. Com o objetivo de, em alguma medida, tentar abordar e manipular essas estruturas. É preciso distinguir as diferenças entre o funcionamento dos fenômenos psicológicos e do comportamento do sujeito em interação com o meio, das abordagens ou técnicas que visam tratar de problemas específicos. Podemos recorrer as outras ciências naturais e da saúde para compreender esta relação. Em primeiro momento faz-se necessário para um médico estudar o corpo humano, mais especificamente sobre como ele é constituído e como seus diferentes sistemas funcionam e interagem entre si, com ênfase na sua especialização. Em segundo momento ele aprenderá técnicas, conforme a sua especialização, para diagnosticar problemas e propor soluções. Como receitar um medicamento. Obviamente seu padrão de referência inicial só pode ser o funcionamento normal do corpo humano. Quero dizer que se não existir nada de anormal em relação àquilo que se considera como normal não há razão para efetuar nenhum tipo de intervenção, a não ser preventiva.

Mas ao se quebrar uma perna o médico precisa intervir aplicando técnicas específicas. Tais como engessá-la e receitar anti-inflamatórios para corrigir o problema. No entanto é preciso distinguir entre o estudo da perna, como dos ossos que a constitui, dos músculos e tecidos, etc. Dos estudos das técnicas que diante de um problema possibilitem intervir adequadamente neste determinado sistema lesionado. E esta separação deve, no meu entender, estar clara na confecção da literatura científica da psicologia, principalmente na compreensão dos profissionais que operam com esta ciência. Logo a mesma matriz teórica que explica a constituição e funcionamento do cérebro e da mente, bem como acerca das leis do comportamento, devem servir de BASE para diferentes abordagens (psicanálise, psicoterapias, humanista-existencial, comportamental...). E não pode ser diferente pelo simples fato de estarmos tratando dos mesmos objetos comum a todos, por exemplo o cérebro, a mente com sua estrutura (inconsciente [id], pré-consciente [ego], consciente [superego]), uma pessoa com personalidade, identidade, inteligências, subjetividade... que emite comportamentos. Ou seja, independe de abordagem

Algumas ideias sucintas para a Psicologia: enquanto ciência e profissão em construção

a existência destes elementos precisa ser clara e comum a todos os psicólogos, ainda que vá tratar apenas de um aspecto específico. Não é porque uma pessoa vai ao cardiologista que esta deixa de ter um estômago ou olhos por exemplo. Podem existir diferenças individuais entre as pessoas, diferenças de culturas, de raça, de subjetividades, etc. Mas o ser humano é o mesmo e, portanto, as pessoas, independente de quaisquer fatores, parecem possuir a mesma ou semelhante constituição bioquímica e psíquica. Assim, qualquer abordagem ou intervenção, deve basear-se num fundamento teórico consistente que explique a maneira como um determinado objeto é constituído e funciona. Voltando ao exemplo do ortopedista, ele só pode intervir de modo eficiente na lesão da perna do paciente porque, antecedendo a aplicação de sua técnica, estava munido de conhecimentos básicos específicos que lhe elucidava como aquele determinado sistema era constituído e funcionava. Sem esses conhecimentos básicos não poderia operar de modo eficaz na solução do problema, pois não teria bases conceituais para isso. Daí a necessidade de se trabalhar com rigorosidade o desenvolvimento dos conceitos básicos (o que já acontece), seja do cérebro, da mente, da interação do homem com o meio ou qualquer outro. Para, a partir daí, se formular abordagens específicas. Vale ressaltar que muito do que é abordado neste livro trata-se de questões óbvias e evidentes. Mas que, por alguma razão, essas questões obvias nem sempre são levadas em conta. Freud, em um de seus livros, refere-se a psicanálise como uma técnica que faz uso da associação livre. Ele não disse que a psicanálise era um ramo da ciência por si só (ao menos não vi isso). Parecia ter uma consciência clara das diferenças tratadas aqui. Tanto foi que trabalhou na confecção de uma meta psicologia científica ou num projeto para uma psicologia científica, onde certamente a psicanálise seria apenas uma parte desta. Ou seja, de uma psicologia científica que englobasse e\ou descrevesse outras disciplinas da psicologia e abordagens, inclusive a própria psicanálise. A estrutura e funcionamento da mente, tal como ocorre com o cérebro, precisa ser comum a todas as abordagens (humanista, comportamental, familiar, psicanálise, trato de patologias...), tal como acontece com o cérebro, porque a mente é uma só. Não pode existir mais de um tipo de

Algumas ideias sucintas para a Psicologia: enquanto ciência e
profissão em construção

estrutura e funcionamento da mente distintas para a mesma
espécie, tal como acontece com o cérebro. O que pode ocorrer
são variações específicas de uma pessoa para a outra. Não sei
dizer exatamente, mas parece que Skinner nomeou suas teorias
como Behaviorismo e não como Psicologia do comportamento
(talvez ficaria melhor como Análise do comportamento), nem
Piaget como Psicologia da educação ou Psicologia do
desenvolvimento. Na verdade Piaget se autodenominava um
epistemólogo e não um psicólogo. E ainda que o fizessem
parece ser mais adequado a utilização de conceitos como
Análise do desenvolvimento psicológico ou mental ao invés de
Psicologia do desenvolvimento ou análise psicológica do
desenvolvimento mental. No caso da educação já existe o
curso de pedagogia que aborda o tema, mas pode-se pensar em
psicologia, e ou no, processo educativo ou análise psicológica
do processo educativo e não Psicologia da educação. Porque,
como já disse, o termo psicologia, no meu entender, seria
melhor utilizado para remeter a um contexto mais amplo que
englobasse as diferentes teorias e abordagens psicológicas.
Evitando-se assim a divisão da psicologia em variadas e

diferentes subpsicologias. Porque isso? Porque se pode ter um ótimo mapa e se chegar num lugar indesejado se as coordenadas estiverem incorretas. A nomenclatura adequada é o primeiro ponto de partida da exploração. Quando se leva os saberes básicos (sobre as emoções, pensamentos, cérebro, patologias, personalidade...) e técnicas (psicanálise, psicoterapia, hipnose, testes...) para algum contexto (mente, educação, forense, social, político...) o que na verdade se efetua neste é uma análise (dividir o todo em partes menores) do ambiente psicológico específico em função de um processo (educativo, politico, social, histórico, mental, comportamento no ambiente). Se analisa para compreender melhor as manifestações dos fenômenos psicológicos (emoções, comportamento, personalidade...) e deste modo poder diagnosticar, intervir e até, gostemos ou não, categorizar. Como podemos ajudar uma pessoa se não compreendemos bem os seus problemas? Não faria sentido. Desejo ressaltar que não estou dizendo que os conhecimentos básicos que hoje compõem a matriz da ciência não são consistentes. Mas acredito que precisam estabelecer melhor

Algumas ideias sucintas para a Psicologia: enquanto ciência e profissão em construção

comunicação entre si, bem como com as outras ciências, de modo atualizado. Freud, por exemplo, na confecção de suas teorias, fez uso de saberes advindos de outras ciências como da antropologia, sociologia e da própria neurologia, a qual estudou com mais propriedade. Acontece que as disciplinas adjacentes que utilizou como auxílio para a elaboração de suas teorias evoluíram. Ou seja, já não abordam, em muitos casos, estes objetos adjacentes inseridos em suas teorias do mesmo modo como o faziam em sua época. Logo, a luz dessas novas percepções, seus textos precisariam ser atualizados para acomodar estes novos saberes. Pois ainda que se refiram aos mesmos objetos, como o homem primitivo, a cultura, o cérebro ou outro. Atualmente essas disciplinas o fazem de modo diverso em relação à sua época. Certamente Freud trataria de modo diferente os assuntos que abordou se formulasse suas teorias hoje, à luz desses novos saberes. Não sei dizer o que mudaria e em que profundidade, mas certamente ocorreriam mudanças. Essa atualização é, portanto, necessária. Talvez o mesmo seja válido para as outras teorias psicológicas fundamentais ou básicas também.

Diego Brito

Como já disse muitas das teorias que tive contato (menos ou mais profundo) que fundamentam a psicologia me pareceram ter boa fundamentação científica, sejam elas produzidas pela via da observação clínica, seja pela via de experimentos em laboratórios. Na verdade, se pensasse o contrário, não daria o trabalho de elaborar este material. Porque perderia meu tempo com isso? Mas parece existir na literatura científica da psicologia conhecimentos que não poderiam ser classificados como científicos e que acabam por entrar no mesmo bojo daqueles saberes de maior consistência científica (produzidos com base em evidências). Como disse, não tem nada de errado com um tipo de saber que não use do método científico (observação, experimentação, reprodução, busca de padrões, análise, prova e validação por vias como uso da matemática, adequação as leis e conceitos básico de outras ciências já provadas e testadas...) o problema reside em quando este saber é classificado como científico sem o ser. Isto pode acabar por descredibilizar toda a literatura da ciência. Não é incomum encontrarmos até mesmo concepções religiosas em meio a literatura da psicologia. Não vejo nada de

Algumas ideias sucintas para a Psicologia: enquanto ciência e profissão em construção

errado nestas concepções, o que percebo está inadequado é o local onde elas se situam, mescladas com a literatura da ciência da psicologia. Isto contribui ainda mais para a construção social coletiva de uma percepção que a classifique como uma pseudociência. Ou seja, a parte de saberes e teorias construídos com base e\ou com pouca consistência científica ajuda a descredibilizar grande parcela dos bons saberes e teorias que foram construídos com maior suporte do método cientifico. São tipos de saberes distintos e que devem ser realocados nos seus respectivos contextos. O mesmo vale na relação da psicologia com a filosofia. É verdade que a psicologia, e também outras ciências, em alguma medida, começa a ser gerida a partir de reflexões sobre os homens pelos filósofos gregos. Não se pode negar a existência desta proximidade entre a filosofia e a psicologia. Sendo comum a utilização dos trabalhos de muitos filósofos nos cursos de graduação de psicologia. Não vejo nada de errado nisso e também acredito que a psicologia possa ser pensada junto com a arte e a filosofia. Mas passado este momento de gestação inicial a partir da filosofia (como aconteceu com as outras ciências naturais) a psicologia precisa se libertar deste modo de produzir conhecimentos que é válido para o contexto da filosofia mas não o é para o contexto da ciência. Percebendo a produção do conhecimento via método cientifico (observação, experimentação, reprodução, busca de padrões, análise, prova e validação por vias como uso da matemática, adequação as leis e conceitos básico de outras ciências já provadas e testadas, uso da lógica...) como uma evolução do modo se produzir conhecimento utilizado pela filosofia (via sistemas de pensamentos bem estruturados) sendo este bom para o contexto da filosofia, mas ruim para o contexto mais objetivo e prático da psicologia que tem como função resolver problemas práticos e atender a demandas reais e concretas de modo assertivo, preciso, confiável. Não estou dizendo que filosofar (pensar de modo estruturado e sistematizado) é ruim, pelo contrário, inclusive, já escrevi livros de poesias e filosofia e particularmente gosto destas diferentes formas de apreensão e de expressão do saber, o problema reside no contexto. Acredito que todos, especialmente os psicólogos, devem estudar filosofia com suas diferentes e diversas matrizes e\ou

Algumas ideias sucintas para a Psicologia: enquanto ciência e profissão em construção

correntes de pensamentos. Mas a filosofia não é a psicologia, ainda que o psicólogo possa ser tornar um filósofo. Concordo com aqueles que dizem que nem todo conhecimento precisa ser científico. Mas dentro da ciência o saber precisa sim conter qualidades ou propriedades científicas que o permita ser classificado com tal, do contrário estaríamos a vender gatos por lebre. Precisamos que este saber nos ofereça um mínimo de confiabilidade para que possamos operar com ele. Seja na explicação dos fenômenos, seja para a intervenção prática no tratamento de um problema real. Imagine se utilizássemos um mapa e nele contivesse informações incorretas quanto à localização de um ponto específico. Ao invés de nos auxiliar a chegar num determinado lugar, nos atrapalharia. Isto não quer dizer que este mapa sempre nos dará informações precisas. Não raramente os mapas das ciências, num determinado momento, pode no máximo nos oferecer informações aproximadas sobre as coisas. E a medida que aprendemos mais a precisão vai aumentando. Mas informações aproximadas são melhores que a ausência de informações. Mas a ausência de informações é certamente melhor do que informações erradas.

Porque estas podem nos levar para um lugar ainda mais distante do ponto inicialmente pretendido.

Logo é preciso saber que existem diferenças entre os tipos de saberes e que cada saber possui características próprias. No âmbito da intervenção pontual no funcionamento de um determinado sistema o conhecimento científico nos propicia maior precisão e, portanto, maior probabilidade de sucesso. Isto não quer dizer que sempre trabalharemos com dados confiáveis e preciso. Que sempre existirá uma relação de causa e efeito linear, que não ocorrerá erros e incertezas e que sempre dominaremos todas as propriedades de um objeto. Nem sempre isto ocorrerá. Existe sim a imprecisão na precisão. Mas o que as ciências vem tentando fazer via uso do método científico é diminuí-la. O que confere-se mais a qualidade e confiabilidade a um determinado composto de saberes construído via o uso do método cientifico. Do contrário perde-se a qualidade cientifica deste composto de saberes, por extensão sua confiabilidade. Sendo a utilização do método cientifico o responsável por conferir as qualidades que um determinado composto de saberes demanda para ser classificado como científico. Ou seja, não são os resultados o mais importante e sim o processo ou metodologia utilizada para se chegar a este. Uma das necessidades se encontra na atenção a constante atualização do saber que se relaciona com os outros saberes. Isto quer dizer que se fazemos uso de um conhecimento de outro campo para validar nossas suposições, quando este saber muda e\ou se atualiza, precisamos também atualizar as teorias em função das mudanças ocorridas no outro campo do saber. Pois naquele momento lançamos mão desses conhecimentos para ajudar a validar nossas descobertas, mas em outro ele pode não ser o mesmo. Ou seja, se as coisas mudam lá (em outras disciplinas) precisamos mudar aqui também (na psicologia). Por exemplo, com a evolução da neurociência faz necessário atualizar as teorias psicanalíticas, a psicopatologia, teorias sobre as emoções entre outras.

É muito importante buscar diminuir as contradições não só intra a ciência psicológica, mas também dela com relação às outras ciências. Isto quer dizer que se a biologia abordar um determinado objeto de uma maneira e oferece explicações plausíveis e comprovadas por experimentações sobre este objeto é preciso acompanhar. Não podemos simplesmente ignorar estes saberes e construir novos saberes contraditórios aos saberes produzidos pela biologia sobre o mesmo objeto sem considerá-los. Isto vale na relação com qualquer outra ciência como a física, neurociência, antropologia, medicina, nutrição, sociologia... Porque seria o mesmo que dizer que estão errados sem provar que estão, sobretudo quando possuem provas consistentes que validam suas afirmações. Notei que as obras Inteligência Emocional, Foco, Inteligência Social e possivelmente outras do psicólogo e cientista americano, Daniel Goleman, teve boa aceitação na comunidade científica (e também fora dela). Percebi muitas pessoas com respeitabilidade científica, citando seu trabalho. Também vi isso acontecer com Inteligência Múltiplas de Howard Gardner. Como disse parece-me existir muitos bons trabalhos científicos compondo a literatura da psicologia (e muitos ruins numa perspectiva do método científico), sendo que muitos desconheço (a maior parte, pois realizei este trabalho apenas com base no que estudei), bem como muitos

Algumas ideias sucintas para a Psicologia: enquanto ciência e profissão em construção

bons cientistas e intelectuais (no passado e no presente) envolvidos com a construção da ciência. Principalmente se pensamos a nível mundial. O que acredito ser preciso é separar melhor estes saberes e selecionar aqueles que melhor trazem um composto científico para corporificar a ciência e descartar os que não têm consistência, bem como efetuar as pontes de comunicação entre eles. Além de atualizar e corrigir algumas teorias basilares da ciência como psicanálise, comportamental e outras, mas a luz da evolução de outras ciências como da neurociência, por exemplo. Distinguir e separar com clareza o que constitui os aspectos básicos da ciência (cérebro, mente, emoções, personalidade, patologias...) de suas técnicas e abordagens (psicanálise, comportamental, centrada na pessoa, testes...). Se criar (se já não existe) uma disciplina chamada Filosofia da psicologia para acomodar os saberes com características de filosofia nesta. Ou seja, produzidos pela via do pensamento estruturado e da especulação sem experimentação comprovatória. Estabelecer uma melhor relação com as outras ciências e definir com clareza suas metodologias de pesquisa buscando identificar e estabelecer padrões. A disciplina estabelece uma relação próxima com aspectos culturais. Logo é preciso se antenar a estas mudanças também. O estudo da antropologia parece ser de grande valia para os psicólogos, especialmente a antropologia cultural. Mas não há necessidade de se criar disciplinas do tipo antropologia da psicologia. Não faz sentido. Mas sim estudar a antropologia diretamente em obras como o Macaco Nu de Desmond Morris ou Tristes Trópicos de Claude Lévi-Strauss. A antropologia faz uso de boas metodologias objetivas (como a observação e interação direta em campo) para analisar e estudar aspectos subjetivos. Em suma, muito das grades dos cursos de psicologia pode e deve ser preenchida por outras disciplinas já bem estruturadas, mas sem a necessidade de mesclar dentro das teorias e métodos da psicologia estas disciplinas. Ou seja, não precisa misturá-las e sim focar na análise e estudo dos objetos naturais e\ou do escopo da psicologia como mente, comportamento, subjetividade, emoções, patologias, personalidade...

É preciso ter muito cuidado com o transplante de conceitos de outras ciências para a literatura da psicologia. Penso ser um

Algumas ideias sucintas para a Psicologia: enquanto ciência e profissão em construção

ponto sensível a ser tratado, porque o significado que um termo possui na física, por exemplo, pode ser distorcido ao ser transplantado para a psicologia. A possibilidade de "rejeição" deste transplante de conceitos é bem grande. Pior ainda, o leitor e\ou o professor pode não entender bem o que termo significa e se perder completamente. É fatigante para quem deseja compreender o texto ter que frequentemente pesquisar em outras áreas do conhecimento para poder entender o que autor quer dizer. Corre-se o risco que mesmo com a pesquisa não se entender bem o significado do termo. Logo, poderá também, não entender bem o texto e até se enganar acreditando que o entendeu. Ou mesmo ensinar errado. Se isto pode ser evitado, então pra quê adentrar por este caminho? A linguagem oferece muitos recursos e podemos fazer uso dela pra explicar muitas coisas sem precisar recorrer a conceitos de outras ciências desnecessariamente. Talvez isso ocorra porque o autor deseja valorizar o seu trabalho e demonstrar erudição. Ou mesmo por tentar promover uma certa interdisciplinaridade. O ser humano é um animal, por natureza, criativo e que gosta de estar sempre criando quando o aprende. Mas acontece que os objetos sobre os quais uma ciência tratam, sobretudo uma ciência natural, são limitados. Podem, às vezes, ser muitos, mas são sempre limitados. Portanto, a meu ver, deve-se evitar, a qualquer custo, nomear a mesma coisa ou mesmo fenômeno usando-se nomes diferentes simplesmente para facilitar e evitar problemas. Do contrário esta prática pode gerar uma grande confusão e, como acontece na computação e projeto de softwares, a complexidade precisa ser controlada para facilitar ao máximo àquilo que, por natureza, já é complexo. As pessoas precisam compreender o texto com a maior facilidade possível. Se criamos muitos nomes para a mesma coisa isto pode dificultar no aprendizado e confundir. Muitos sinônimos podem não ser uma boa ideia na nomenclatura dos fenômenos que se deseja nomear. A utilização de termos complexos, de difícil compreensão e com pouca objetividade, não é raro de se encontrar nas ciências humanas, em geral. Se o objetivo do autor for que um maior número possível de leitores o compreenda, então porque não utilizar um vocabulário mais acessível e menos complexo. Porque não ser mais objetivo sem delongas desnecessárias,

Algumas ideias sucintas para a Psicologia: enquanto *ciência e*
profissão em construção

que só servem para complicar e ampliar a margem de erro de compreensão do leitor. Não estou sugerindo uma subutilização dos recursos da linguagem e sim um uso adequado que evita a complexidade desnecessária. Pois porque razão, da perspectiva do leitor, transformar uma expressão que poderia ser simples em complexa. Para que dificultar a compreensão? Se nas características do objeto por si só já existe uma complexidade inerente. Então para quê ampliá-la desnecessariamente? Pois, se fizermos isso, podemos correr o risco de despendermos muitos esforços na compreensão de algo que a princípio poderia ser compreendido com facilidade. E, então, deixarmos de abordar adequadamente a verdadeira complexidade que a compreensão integral de um determinado objeto exige. É verdade que, em ciências humanas, nem sempre o autor pode ser direto e objetivo na transmissão de sua mensagem, sobretudo no âmbito político e econômico. Uma vez que pode estar tratando de questões espinhosas e correndo o risco de sofrer retaliações. Mas, a meu ver, esta postura não deve ser encarada como regra e sim como circunstancial. Me lembro de uma entrevista do professor Milton Santos no programa Roda

Viva. Nela um historiador da USP lhe faz uma pergunta fazendo uso de termos tão difíceis (pouco usuais fora do meio acadêmico), que ele responde com certa ironia, perguntando-lhe se não poderia complicar mais. É verdade que existe um vocabulário técnico típico de cada área do saber que precisa ser utilizado, no entanto dentro de certos contextos.

Outro ponto importante é o conceito em si. É comum haver na psicologia diferentes descrições para, por exemplo, o estado de tristeza ou acerca de patologias, funcionamento da mente, etc. Penso que isto não deveria ocorrer. Acredito que dever-se-ia de, tempos em tempos, se promover uma ampla discussão para se chegar ao melhor conceito possível da tristeza via consenso entre profissionais renomados e instituições, por exemplo. A partir daí oficializá-lo e o utilizá-lo em todas as teorias psicológicas. E não ficar difundido um monte de conceitos e teorias sobre a mesma coisa ou fenômeno. Por exemplo, o autor a define tristeza como x, o b como y, o c como z, o d como j. Só existe um só estado de tristeza e este não demanda muitas descrições distintas e sim uma boa e enriquecida descrição para que todos compreenda do que se

Algumas ideias sucintas para a Psicologia: enquanto ciência e profissão em construção

trata. Quero dizer é preciso falar a mesma língua, ao menos no escopo do oficial e do recomendado. Se alguém, do ponto de vista individual, desejar desenvolver um conceito próprio que o faça. Porque isso? Para simplificar, padronizar, facilitar a comunicação, identificação e reconhecimento, estabelecer padrões, compreender com mais facilidade, evitar conflitos e desentendimentos. Ou seja, encontraríamos o mesmo conceito de tristeza na leitura de um texto de psicanálise, behaviorismo, humanista, etc. O ideal, a meu ver, é que isso ocorresse inclusive no diálogo com a psiquiatria e com outras ciências que trabalham com este conceito, quando possível. Não se trata de reduzir, e sim de simplificar e de criar padrões de comunicação e entendimento. O fato é que no mundo concreto parece existir apenas um estado de tristeza e não dois ou três. Ou se está triste ou não está. Ou se está com raiva ou não está. Ou se tem medo ou não se tem. Sendo assim então para que várias descrições psicológicas sobre a tristeza, se ela é uma só? É aceitável existir uma abordagem biológica da tristeza diferente da psicológica. É natural que isto ocorra. Afinal tratamos de aspectos diferentes de um mesmo fenômeno. Mas para que se fazer várias descrições biológicas diferentes sobre um mesmo fenômeno. Não há razão. Pois o fenômeno não é apenas um? Então para quê mais de uma descrição? O que se precisa é se chegar num consenso acerca da melhor descrição ou descrição correta e utilizá-las nas diversas teorias. Do contrário pode-se gerar uma grande confusão ao invés de um suposto enriquecimento e diversidade. A complexidade precisa sempre que possível ser reduzida e controlada. A abordagem sugerida vai resumir e compactar os conteúdos da disciplina reduzindo a curva de aprendizagem dos estudantes. Precisarão armazenar menos conteúdos acerca dos mesmos objetos. Deste modo podem direcionar mais de sua energia e atenção para o estudo de disciplinas adjacentes e complementares às suas formações.

É preciso repetir que não é sustentável sair criando a todo momento uma nova teoria sem considerar a adoção de critérios específicos e nomeá-la de psicologia de alguma coisa. Esta prática precisa ser controlada. Os conceitos precisam ser hierarquizados e estarem contidos dentro de um conceito maior que é o da psicologia. Estes precisam refletir

Algumas ideias sucintas para a Psicologia: *enquanto ciência e profissão em construção*

fenômenos e estruturas concretas como personalidade, emoções, mente entre outros. Logo, temas como motivação, personalidade, inteligências, cérebro, mente, subjetividade, etc. Não devem aparecer soltos no nada, precisam ser contextualizados, organizados dentro das teorias e as relações que estabelecem entre si precisam ser explicitadas. Existe sim interação entre os fenômenos, no entanto também existem características específicas próprias de cada um destes. Assim, é interessante, sempre o investimento na confecção de materiais de referências que trazem uma visão geral oficial da psicologia (indicados pelos conselhos) organizando os diferentes e principais conteúdos\conceitos que compõem a ciência. Neste material, por exemplo, estará contida a melhor descrição acerca do conceito de tristeza que servirá como referência para os outros. Como, em alguma medida, vemos nos livros de Biologia, História ou Geografia voltados para o ensino médio. Sei que existem materiais na psicologia que intentam fazer isso, mas talvez não com o formato que proponho aqui (ao menos não tive acesso, não me refiro a livros que tratam da história da ciência ou catálogo de doenças). Mas existir ótimo, então apresente-os com mais clareza. Os indique.

É muito comum nas ciências humanas, em geral, estarmos sempre recorrendo a autoridade de outros autores para validar a nossa afirmação. Segundo A isto funciona assim, segundo B aquilo é desta forma. Parece existir uma grande tendência a personalização, onde nossa afirmação passa a ter valor somente se respaldada pela figura de uma autoridade. Mas e se esta autoridade também estiver errada? E se a visão de duas autoridades forem distintas e contraditórias em relação ao mesmo tema? Vamos recorrer a terceira ou quarta? O que se deve fazer é recorrer a pesquisa realizada e não a uma pessoa. Recentemente (Março de 2012) o linguista americano Daniel Everett concedeu uma entrevista a revista Veja expondo suas descobertas no campo. Baseando-se em pesquisas práticas ele refutou algumas das teorias do famoso linguista americano Noam Chomsky. Por essa razão disse ter sido perseguido devido a importância e a popularidade do sr. Noam Chomsky na área. Se em qualquer lugar do mundo descrevermos corretamente a constituição de um átomo de carbono não

Algumas ideias sucintas para a Psicologia: enquanto ciência e profissão em construção

precisaremos dizer que ele possui estas ou aquelas características segundo A ou B. O sujeito que as conhece saberá que a descrição está correta ou não. Logo penso ser preciso também refletir sobre isto. Invocar a autoridade de alguém, em alguns momentos pode ser positivo. Mas se isso ocorre com muita frequência talvez exista algo de errado que precisa ser verificado.

Venho percebendo que muitas disciplinas das ciências humanas e, a psicologia, sobretudo, vêm trabalhando pouco com a utilização de um poderoso recurso de expressão que são as imagens. Até mesmo em obras de intelectuais renomados, não raramente, encontramos poucas imagens. Às vezes até nenhuma. Já as ciências da natureza, por exemplo, com frequência lançam mão deste poderoso recurso. Porque não utilizamos mais deste valioso recurso de expressão? Será que para nós o dito popular "uma imagem vale mais que mil palavras" não faz tanto sentido?

No caso específico da psicologia existe uma acalorada discussão acerca da concepção de homem. Se este é bom, ou se é mal ou se ambos. E parece que algumas teorias partem destes princípios filosóficos, acerca destas características do homem, como ponto de partida para a construção de seus conceitos. Em primeiro lugar a classificação quanto a ser bom, mal ou ambos depende de um referencial que varia conforme a cultura, as circunstâncias e os indivíduos. Talvez não seja prudente na construção de uma teoria científica se partir de uma concepção de homem. Pois o verbo partir não remete a um começo? Então como podemos chegar a uma conclusão sobre uma "concepção de homem" já no começo. Não deveríamos, numa perspectiva científica (se é que isto é necessário, pois esta concepção depende de um referencial), se chegar a uma conclusão acerca da "concepção de homem" no final, após o exame dos dados?

Também é muito comum nas ciências humanas, em geral, a ocorrência de discussões frequentes. Pessoalmente acredito que as discussões são muito importantes e necessárias, sobretudo nas ciências humanas, porque elas nos permitem perceber ângulos que talvez sem elas não perceberíamos. As discussões ajudam a trazer elementos novos que talvez sem elas não os encontraríamos. A enxergar por trás das cortinas do espetáculo. Também nos ajuda a refletir e a dialetizar. A aperfeiçoar a nossa linguagem e o pensamento. O problema é quando a discussão torna-se o produto final. Ou seja, quando a discussão é o fim último. Quando vencer a discussão passa a ser mais importante que se chegar a uma conclusão válida. Quando não raramente a discordância se transforma em discórdia. Quando a capacidade argumentativa supera os fatos. O objetivo não é mais o de discutir para se chegar ao melhor ponto de vista e sim o de "vencer" a discussão. O problema disso é que no final todos saem perdendo. Porque os fatos são ignorados e a retórica é quem ganha relevo. Consequentemente os desafios reais continuam presentes e persistentes e a razão é abafada pela racionalidade. No final do dia todos saímos perdendo, ainda que o bom orador volte triunfante para seu lar. Simplesmente porque os problemas continuarão presentes e as medidas práticas efetivas necessárias não serão tomadas. Basta olhar para o mundo da política. Com algumas exceções, grandes discursos camuflando péssimas atitudes, gestões e decisões. Não estou dizendo que devemos concordar com as coisas sem discussão, mas daí discordar apenas pelo ato de discordar. Discordar sem razão. Assim não vamos chegar a um consenso nunca e, portanto, não iremos somar nossas forças construtivas. Penso que não é este o caminho, o da discussão como produto final ao invés da discussão como meio para se encontrar as melhores soluções e/ou conclusões. Penso que o caminho é sim permeado por discussões, mas devem ser construtivas. E não essas que visão engrandecer a uns e diminuir a outros, não raramente abafando a razão. Vale ressaltar que a localização entre as ciências da psicologia está muito mais para as ciências naturais e da saúde do que as ciências humanas e sociais que tratam de questões políticas, filosóficas, sociais... Seus objetos de pesquisa, essencialmente a mente, comportamento e subjetividade estão mais para as ciências naturais do que humanas ou de objetos de estudos criados em função das atividades humanas como a política, direito, sociedade, cultura. Ainda que aja forte entrelaço entre os fenômenos psicológicos e as atividades humanas. Mas fundamentalmente os objetos de estudo da psicologia trata-se de criações naturais ou advindas da própria natureza como

Algumas ideias sucintas para a Psicologia: enquanto ciência e profissão em construção

acontece com a fisiologia, por exemplo. Quem criou a mente, o cérebro, a fisiologia humana... foi a própria natureza. Na prática acaba por ser constituída como uma disciplina fronteiriça entre as ciências naturais e da saúde com as humanas e sociais. Ainda que seus objetos de estudos sejam fundamentalmente naturais ou produzidos diretamente pela natureza. Discutiremos este assunto com mais profundidade no próximo tópico. De qualquer modo é inconcebível pensar na formação do psicólogo sem uma abordagem multi e interdisciplinar, mas sem misturar as coisas obviamente. O que envolve o estudo de disciplinas como literatura, filosofia, economia, história, sociologia, direito, politica, neurociência, fisiologia, nutrição, antropologia, arqueologia, pedagogia, teologia, as disciplinas da psicologia em si, etc. Todas essas disciplinas são indispensáveis para a boa formação do psicólogo, sobretudo clínico, mas não se pode misturar as coisas e se perder o foco acerca do escopo de atuação do profissional e da produção científica da área. Ou seja, daquilo que a psicologia deve entregar para a sociedade. Do seus deveres sociais como ciência e profissão. Uma coisa é a formação do profissional, outra coisa é a construção da ciência e suas técnicas. Os objetos de estudo são distintos, não os mesmos. Acredito que um bom psicólogo clínico precisa ser um bom filósofo, mas a psicologia não é a filosofia. E a atividade do psicólogo não é a do filósofo. As tarefas são distintas. Sobretudo no mundo prático quando se deseja solucionar problemas concretos e atender a demandas específicas, neste caso deve se instrumentalizar para oferecer soluções concretas e objetivas para problemas como o da perda de saúde mental.

Algumas ideias sucintas para a Psicologia: enquanto ciência e profissão em construção

Uma abstração sobre os objetos de estudos da Psicologia

"Uma possível Psicologia nova"

Mas afinal quais são os objetos de estudos da Psicologia?

Por se tratar de aspectos como mente, cérebro, subjetividade, comportamento e outros. É possível, às vezes, não ser fácil visualizar e delimitar com clareza e objetividade àquilo que a ciência da psicologia toma como objeto, como demonstra a sua história. Por causa disso, depois de alguns estudos e reflexões, resolvi escrever este texto com o propósito de tentar ajudar responder a esta pergunta. É preciso se atentar ao significado do termo abstração. O ato de abstrair consiste em ignorar um conjunto de detalhes e focar no essencial, por exemplo quando um pintor desenha os traços gerais de uma pintura no quadro e ignora, naquele primeiro momento, os detalhes, atendo-se apenas aos aspectos gerais.

Diego Brito

Os detalhes e aperfeiçoamento trata-se de uma tarefa posterior. Pois é justamente isto que faremos aqui, uma abstração acerca dos objetos de estudos gerais da psicologia. Não se trata de um projeto para uma psicologia científica ou uma nova teoria. Se muito efetuar certas observações e aparar algumas arestas. É importante deixar claro que com as ideias contidas aqui não pretendo reivindicar uma invenção de uma nova teoria científica, muito menos a descoberta de algum novo fenômeno psicológico. Se muito fiz foi apenas o trabalho de organizar melhor conhecimentos que já existiam e que estavam por ai dispersos, bem como efetuar algumas críticas e sínteses.

A princípio entendo como fundamental diferenciar dois conceitos, mente (ou aparelho psíquico) e cérebro. O cérebro é constituído pelas estruturas físicas que produzem a mente, como as amígdalas, o córtex cerebral, o hipotálamo, o corpo caloso, etc. Já a mente é resultado da produção do cérebro, ou seja, da sua atividade. Como os pensamentos, a imaginação e\ou as imagens armazenadas e produzidas pelo cérebro, a memória (não o mecanismo físico propriamente e sim a lembrança), raciocínio, etc. E, tal como o cérebro, a mente

Algumas ideias sucintas para a Psicologia: enquanto ciência e profissão em construção

possui um modo específico de organização e funcionamento como descrito por Freud, constituída pelo conjunto dos produtos cerebrais (pensamentos, lembranças, imagens, raciocínio, emoções, etc). Vale lembrar que tanto a mente quanto o cérebro trabalha junto com o corpo no geral, especialmente com o sistema nervoso e sensitivo (pele, nervos, órgãos dos sentidos...). No mundo prático não tem como separar as coisas. Fazemos isto aqui apenas com o propósito de análise. Também é preciso diferenciar mente (ou aparelho psíquico) da subjetividade, porque a mente (produzida pelo cérebro) possui um modelo padrão de referência universal dotado por todos o seres humanos (como acontece com o cérebro). Este modelo pode ser melhor descrito (talvez existam outras teorias melhores sobre esta que desconheço) pelas teorias do psicanalista austríaco Sigmund Freud que, grosso modo, a divide em três esferas distintas e complementares: 1) id ou inconsciente: 2) ego ou pré-consciente 3) superego ou consciente.   Veremos em mais detalhes cada uma dessas esferas depois. O cérebro das pessoas onde a mente opera é comum a todos os seres humanos. Isto quer dizer que se abrirmos o crânio de uma pessoa em qualquer parte do planeta iremos encontrar estruturas como amígdalas, córtex cerebral, o hipotálamo, etc. E sendo assim todos os seres humanos, em qualquer parte do globo, é capaz de produzir pensamentos, imaginar, lembrar, ter consciência, etc. Ou seja, são dotados de uma mente de constituição e funcionamento, tal como o cérebro, semelhante. Isto não quer dizer que não exista, normalmente, pequenas diferenças individuais do cérebro de uma pessoa para outra como tamanho, peso, quantidade de sinapses e outras, e que o mesmo não aconteça com a mente no sentido da existência de diferenças individuais de uma pessoa para outra. A subjetividade, por sua vez, consiste nos conteúdos em interação contidos na mente de cada indivíduo, organizada conforme a estrutura geral da mente, o que resulta na singularidade de cada um. Ela não é um traço ou elemento isolado e sim o conjunto do material mental em interação; é, portanto dinâmica, pois seu conteúdo está sempre em constante transformação. Em outras palavras ela é constituída pelo conjunto em interação dos elementos da mente como os pensamentos, memórias, imagens, etc. Um pensamento, por exemplo, consiste num produto do cérebro, pela via de uma função da mente e seu conteúdo específico um componente da subjetividade. Sendo que o conjunto dos conteúdos específicos da mente em interação é que configuram ou formam a subjetividade. Esta é, portanto, única quando se analisa sua totalidade; ainda que possa conter registros que são comuns também a outros indivíduos. Por exemplo, duas pessoas podem ler uma mesma mensagem e memorizá-la sem diferenças na interpretação do conteúdo. Todas as pessoas têm a capacidade de produzir pensamentos, mas dificilmente iram pensar de modo idêntico. Isto acontece porque cada pessoa possui uma história de vida específica, singular ou individual. Ninguém possui uma história de vida igual à outra pessoa. Uma analogia pertinente para ilustrar as relações entre cérebro, mente e subjetividade é a de um campo magnético. O ímã é quem produz o campo magnético, que varia de intensidade conforme a força do ímã ou tamanho do ímã. Para existir o campo magnético é preciso que exista o ímã. O campo magnético tem a capacidade de atrair para sua área de abrangência materiais metálicos específicos. De modo análogo o cérebro atuaria como a estrutura física do ímã, a mente como o campo magnético produzido pelo ímã e a subjetividade os materiais que foram atraídos e retidos pelo campo magnético. Notemos que tanto o ímã, como o campo magnético possuem certas regularidades, o tamanho do ímã, por exemplo, bem como a intensidade do campo magnético não sofrem constantes alterações significativas ao longo do tempo. Já os materiais que o campo magnético atraem estão em constante alteração (uma tampinha, pedaço de metal, prego... ou qualquer outra coisa), à medida que o ímã vai mudando de posição ou ambiente. Pode ser, por exemplo, colocado na porta de uma geladeira, depois levado a um ferro velho ou utilizado como brinquedo por uma criança. Tal como os materiais que o ímã atrai a subjetividade tende a sofrer constantes transformações de maneira dinâmica. Isto conforme cada indivíduo e os estímulos a que está exposto. Uma pessoa pode pensar algo sobre um determinado assunto hoje e mudar ideia amanhã. Isto acontece porque o conteúdo da subjetividade não é fixo. O cérebro e a mente também podem

Algumas ideias sucintas para a Psicologia: enquanto ciência e profissão em construção

sofrer alterações, em maior ou menor grau, mudando suas características estruturais e funcionais, mas no geral ambos (cérebro e mente) permanecerão essencialmente os mesmos. Ainda que sofram desgastes e alterações naturais em função do tempo, de modo análogo a um computador com seu sistema operacional. Mas a essência de ambos não muda, ainda que possam estragar. Tudo vai depender do tratamento que receberão ao longo da vida. O que pode resultar no surgimento de doenças cerebrais e mentais de ocorrência em via dupla (a mente alterar o bom funcionamento do cérebro e este o da mente) de modo inter-relacionado. Vários fatores podem levar a isso como ambientais, dieta inadequada, químicos, cultura, acontecimentos diversos, traumas físicos e emocionais, relacionamentos tóxicos e disfuncionais. Ou seja, quando os padrões de referência de funcionamento (cérebro e mente) são alterados o resultado pode ser uma patologia. No caso da subjetividade, se esta possui algum modelo ou padrão de referência para sua modelagem, este é a cultura. Ou seja, a modelagem ou "preenchimento" de seus conteúdos está fortemente ligado a cultura e ambiente em que uma pessoa está inserida. Portando se o conteúdo de uma subjetividade fugir muito aos padrões culturais resultando em comportamentos desviantes, o indivíduo pode ser punido intra ou extra mente (via culpa, assédio moral, punição física...), o que pode afetar o funcionamento padrão da mente e até do cérebro. Como um vírus de computador que surpreendentemente é capaz de causar danos não só ao computador inicialmente infectado, mas a toda a rede de computadores e de outras máquinas controladas por esses computadores. Exemplo recente ocorreu no Irã, em que um vírus de computador infectou a rede que controlava suas usinas nucleares, afetando o funcionamento das máquinas do complexo. Por outro lado alterações físicas no cérebro como o mal de Alzheimer, afetam diretamente o conteúdo da subjetividade do indivíduo porque apaga e distorce seus registros. Vejamos abaixo, o que constitui o que:

Cérebro: constituído por estruturas físicas como córtex cerebral, neurônios, amígdala, corpo caloso, glândulas, etc. Estas estruturas funcionando em conjunto produzem a mente.

Algumas ideias sucintas para a Psicologia: enquanto ciência e profissão em construção

Mente: constituída pelo conjunto em interação das produções cerebrais que denominamos como pensamentos, lembranças, imaginação, registros sonoros, linguagem, informações sistematizadas, consciência, inconsciência, etc.

Subjetividade: constituída pelo conteúdo dos elementos da mente. Não os pensamentos em si, mas o conteúdo dos pensamentos, imagens, lembranças, etc. Ocorre então uma relação dinâmica entre os conteúdos dos elementos da mente, como na matemática em que 1 + 2 resulta num produto novo que é o 3. Assim a interação destes conteúdos pode gerar outros conteúdos novos e diferentes dos primeiros, talvez daí provenha o processo de criatividade.

Personalidade: podemos a, grosso modo, inteligir a personalidade de uma pessoa como o modo como esta se apresenta para o mundo, o seu fenótipo. Pode esta ser menos ou mais introvertida ou extrovertida, menos ou mais assertiva, reativa, raivosa, deprimida e muitas outras características. A formação da personalidade de uma pessoa relaciona-se a um conjunto de fatores como sua história vida, profissão, ambiente em que vive, nível de instrução, habilidades e inteligências adquiridas, etc. Uma pessoa pode ter uma personalidade semelhante a outra, inclusive copiar e incorporar, via aprendizado social, traços da personalidade de outra pessoa. Sendo este um elemento da subjetividade.

Identidade: cada pessoa possui uma história de vida única e singular e passa por experiências específicas, ainda que semelhantes a outros. O resultado disso consiste na formação de uma identidade com características próprias a cada indivíduo. Uma espécie de CPF da subjetividade de cada um. Uma pessoa pode ter uma personalidade semelhante a outra (introvertida, extrovertida, raivosa...), mas sua identidade é única. Ninguém possui uma identidade igual à de outra pessoa. Mas pode traços da identidade de outros na constituição da sua. Por exemplo, uma identidade cristã.

Algumas ideias sucintas para a Psicologia: enquanto ciência e profissão em construção

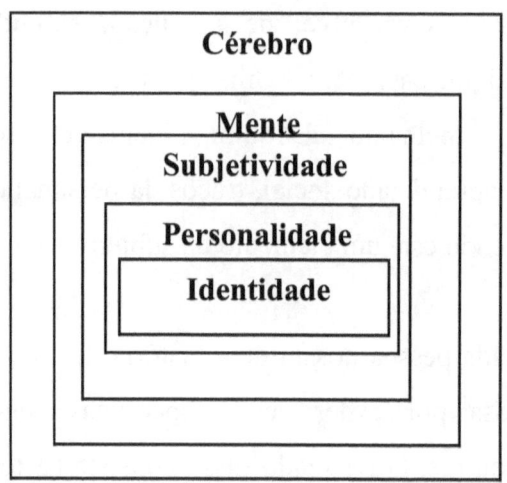

A matéria-prima da subjetividade são os estímulos internos e externos, como imagens, sons, sensações, experiências, códigos escritos, instintos, etc. Assim, de modo análogo com os processos fisiológicos quando, por exemplo, comemos uma maçã e uma banana e nosso estômago as trituram no processo de digestão, formando outras substâncias diferentes da maça e banana que foram inicialmente ingeridas. Vejamos:

Estímulos externos e internos

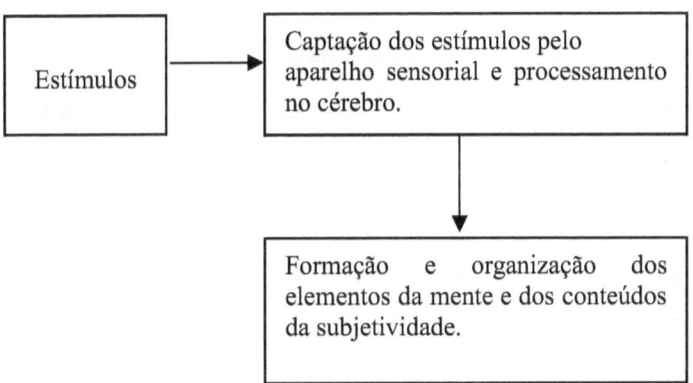

De modo grosseiro e para fins didáticos, vamos comparar a subjetividade com uma nuvem que conforme o vento (de modo análogo aos estímulos) muda de forma, mas não deixa de ser uma nuvem e de se comportar como tal. Outra analogia pertinente para se melhor compreender melhor as diferenças e as relações entre o cérebro, a mente e a subjetividade, pode ser com um computador. Um moderno computador é constituído pelo hardware, a parte física e palpável, e os softwares, que nada mais são que um conjunto de códigos abstratos

Algumas ideias sucintas para a Psicologia: enquanto ciência e profissão em construção

registrados em alguma memória física. Sem os softwares estas máquinas ultramodernas não teriam nenhuma serventia prática. São os softwares que dão vida aos computadores e os transformam em poderosas ferramentas capazes de ajudar os homens a fazerem coisas incríveis. Entre estes programas existe um essencial para o seu funcionamento, o sistema operacional. É ele, como o próprio nome já diz, que é responsável pela máquina operar. É a base para que outros programas possam ser instalados e funcionarem, uma espécie de gerente ou maestro dos outros programas. Mas até aqui tudo parece uniforme e padrão na analogia, as pessoas como os hardwares possuem um cérebro muito semelhantes umas com as outras, como os sistemas operacionais possuem uma mente que é responsável pela organização das ideias e que tem como substrato físico o cérebro. E a subjetividade, onde entraria nesta história? A princípio tudo parece semelhante e todos os computadores neste nível parecem uns com outros. Mas à medida que cada usuário vai operando sua máquina (composta por hardware e software o que equivaleria a mente e o cérebro) esta passa por um processo único de transformação conforme a maneira que cada um a utiliza. Pois os usuários vão criando os seus próprios e singulares perfis à medida que as operam. Instalam novos programas conforme a necessidade de cada um, criam novas pastas e arquivos, baixam vídeos e músicas. Algumas máquinas são infectadas por vírus, arquivos se corrompem e outros temporários são criados, etc. O resultado destas transformações singulares, provenientes do modo como cada usuário se comporta seria, para nossa analogia, a subjetividade de cada indivíduo. Penso que as diferenças e relações entre estes conceitos (cérebro, mente e subjetividade) já foram esclarecidas, então agora vamos passar para outro importante componente da psicologia, o comportamento.

Imaginemos, por algum momento, que não estivéssemos estudamos os homens e sim leões numa floresta. Nossas perguntas girariam em torno de como eles se comportam e\ou como vivem. No entanto, antes de nos dedicarmos aos aspectos unicamente comportamentais desses animais, em paralelo com estes aspectos seria interessante, para não dizer necessário, que também estudássemos um pouco da anatomia deles, bem como o cérebro. Precisaríamos de um exemplar sem vida, o dessecaríamos, analisaríamos sua anatomia e em especial o seu cérebro. Em suma, estaríamos trabalhando, nesta etapa, com um objeto inanimado. Então iríamos para a floresta estudá-lo em habitat natural, chegaríamos lá já com algumas informações importantes sobre a sua constituição biológica e iríamos fazer observações sistemáticas dos leões em interação com o meio em que vivem. Neste ponto compreenderíamos que seus comportamentos estão relacionados ou dependentes do meio em que vivem, e que conforme mudanças no ambiente vão acorrendo também vão se processando mudanças em seus comportamentos. Se, por exemplo, há abundância de caça os leões se comportarão de uma determinada maneira, talvez fiquem menos agressivos. Por outro lado, se ocorresse um aumento drástico da temperatura do ambiente e faltasse alimento, tenderiam a ficar mais estressados e agressivos. Isto quer dizer que para entendermos o comportamento desses animais, além de conhecermos seus aspectos anatômicos e cerebrais, ou seja, sua natureza orgânica que lhes possibilitam e os impulsionam a executarem determinados movimentos diante de determinadas circunstâncias; precisaríamos também compreender o ambiente em que estão inseridos. Neste exemplo a influência do meio fica patente. No caso dos seres humanos também é evidente que seus comportamentos são produtos da interação do sujeito com o meio (utilizo a palavra sujeito, porque diferentemente dos leões do exemplo, existem nos seres humanos capacidades cognitivas com as quais os leões não são dotados). Portanto é obvio, como já foi demonstrado, que este sujeito só pode ser constituído do resultado da interação dinâmica entre o corpo (incluindo o cérebro), a mente e a subjetividade. O conjunto dos elementos registrados no cérebro e aperados pela mentes constituem a subjetividade. A subjetividade (os elementos contidos na mente) de cada pessoa é única porque cada pessoa possui uma história de vida distinta ou singular. Sendo esta singularidade que permite a formação da identidade de cada um ou do sujeito. A pessoa em movimento em interação com o meio e com os outros é que dá vida ao sujeito. Sendo este portador de uma identidade específica, mas que só se manifesta na interação com o meio e com outros. É neste contexto que o sujeito existe, por exemplo o sujeito agente da história, agente na comunidade, na família, na sociedade, no mundo. Porque para ser caracterizado como sujeito este precisa ser animado, portanto executar ação. Para existir a singularidade é preciso antes existir a subjetividade e, para que a subjetividade exista, é necessário o exercício das funções mentais para a captação e organização de informações, pensamentos, ideias, pulsões, lembranças, etc. Já sem o cérebro não seria possível existir a mente porque este consiste na máquina (tal como um computador) que possibilita a produção da mente (o sistema operacional). Ainda mais óbvio é que não poderíamos se quer falar em comportamento se não tivéssemos um corpo (que fosse além do cérebro) se comportando. É importante ter a clareza de que o ambiente, além do meio físico, engloba os estímulos (visuais, auditivos, olfativos, sensitivos, etc.) emitidos pelo meio e que chegam até os órgãos sensoriais do indivíduo (olhos, pele, ouvidos, língua, narina...) sendo processados pelo cérebro, organizados pela mente e absorvidos ou não no composto da subjetividade. Vale lembrar

Diego Brito

que os estímulos podem ser tanto internos ou endógenos (fome, sede, frio, pensamentos e desejos...) como externos ou exógenos (som, imagem, agressão, tarefa...). Os primeiros geralmente fisiológicos e mentais, os últimos geralmente via algum tipo de interação como o meio. Uma pessoa trancada numa sala escura tende a receber muito poucos estímulos externos (luz, som, imagens, interação com os outros...), mas continuará a ter estímulos internos (fome, sede, ansiedade, medo...). Esta separação nem sempre é simples pois geralmente os estímulos se mesclam e muito do que acontece em nosso organismo não chega a consciência, isto vale para ambos os tipos de estímulos. Geralmente o foco da atenção em conjunto com a verbalização é que vai determinar o que chega a nossa consciência de uma maneira menos ou mais nítida. No que compete a estímulos poderíamos escrever um livro inteiro apenas sobre este assunto, como sobre estímulos naturais (luz, fome, sede, sono, sexo...), sociais (status, econômicos, competição, cultura...), entre outros. Podemos por exemplo estar exposto a estímulos externos como da luz e não perceber bem este processo. Em função do conjunto destes fatores

Algumas ideias sucintas para a Psicologia: enquanto ciência e profissão em construção

pessoas diferentes podem emitir comportamentos distintos diante dos mesmos estímulos, mas dentro de uma matriz de possibilidades de ação. Por isso que, apesar da complexidade, é possível se prever com algum grau de assertividade a emissão de comportamentos, uma vez que existem limitações das possibilidades na emissão de comportamentos possíveis. Uma pessoa, por exemplo, numa prisão de segurança máxima trancafiada numa solitária tem poucas possibilidades de escolha. Diferentemente de um indivíduo circulando em sociedade. Acontece que os seres humanos têm a capacidade de criar novas opções, o que pode ampliar o raio de ação dos indivíduos e fugir da matriz de possibilidades inicialmente prevista. Entendo ser elementar que para se compreender com clareza o produto da interação do indivíduo com o meio é preciso antes compreender o indivíduo e o meio isoladamente, para depois contextualizá-los. Do contrário como poderíamos entender a constituição de uma molécula de água sem antes saber o que é um átomo de H e de O. Pois se não sei o que o número 1 e o 2 representam como poderei entender que a soma dos dois resulta em 3?

Diego Brito

Outro aspecto importante a ser compreendido reside no fato de que as reações, emoções e estados que denominamos de raiva, paixão, alegria, amor, ansiedade, angustia, etc. Possuem um substrato biológico e psicológico específico e, mesmo ocorrendo mudanças no modo como denominamos tais reações, emoções e estados, continuará a existir determinados comportamentos orgânicos e psicológicos associados a estes fenômenos, independe da nomenclatura que lhes atribuímos. A palavra amor, por exemplo, nada mais é que um símbolo utilizado para nomear um composto de reações químicas que ocorrem nas pessoas diante de determinadas circunstâncias. No entanto, é importante notar que mesmo se tratando de reações químicas que acontecem num nível biológico, existem também componentes psicológicos envolvidos neste processo de modo interdependente com os processos biológicos, como as memórias de um relacionamento antigo. Daí a relação dos fatores biológicos, químicos, psicológicos, ambientais e outros. Uma vez que teoricamente nosso organismo não produzirá este composto de reações químicas que denominamos de amor sem nenhuma associação psicológica e

Algumas ideias sucintas para a Psicologia: enquanto ciência e profissão em construção

racional com um determinado objeto ou pessoa, ainda que se tenha disponível no organismo o hormônio do amor, a ocitocina, e outras substâncias que geram prazer e bem-estar, como dopamina, serotonina. Pode-se ter altos níveis de testosterona no corpo e não se pensar em sexo, por exemplo. Mas altos níveis de testosterona no organismo em combinação com a visualização de cenas sensuais a probabilidade de se gerar pensamentos e impulsos de sexuais cresce. Em outras palavras, não creio ser possível amar a algo ou alguém que desconhecemos completamente ou que não tenha realizado algum tipo de inscrição em nossa subjetividade. Uma lembrança, por exemplo, pode desencadear reações orgânicas semelhantes à presença física do objeto lembrado. Posso pensar em uma pessoa querida e o pensamento simplesmente desencadear um processo de produção\liberação de substâncias prazerosas no organismo como adrenalina, serotonina, dopamina, ocitocina. Ou, por outro lado, posso lembrar de alguma situação que vivenciei e sentir raiva. Como já foi dito existe a inter-relação entre os processos biológicos, químicos e psicológicos. Uma vez que no mundo real não existe a separação dos fenômenos químicos, biológicos, físicos, psíquicos etc. Porque todos os objetos interagem entre si e se constituem de modo interdependente. Não é possível, por exemplo, cérebros sem átomos. O que fazemos é separar as coisas para fins didáticos, mas às vezes falhamos em remontá-las. Os objetos de estudo da psicologia, no compressão do autor, deve ser direcionado para a compreensão da mente, da subjetividade e do comportamento em interação com o meio. Já o cérebro, a parte física, como objeto de estudo da neurociência sendo em parte incorporado este conhecimento pela psicologia (já pronto ou construído) como esta faz com a sociologia, politica, filosofia, etc. Mas a cadeira de neurociência não precisa ser parte dos departamentos de psicologia. Pode focar seus recursos no estudo de outros fenômenos e incorporar este saber de modo adjacente como já faz com a sociologia, politica, filosofia, etc. Isto não quer dizer que a psicologia não deva estar antenada aos conhecimentos relativos ao cérebro, mas não é sua função desvendar seu funcionamento e sim incorporar e\ou integrar este saber.

Algumas ideias sucintas para a Psicologia: enquanto ciência e profissão em construção

Para finalizar quero dizer que este texto não tem como objetivo tratar de aspectos específicos da psicologia como o funcionamento da mente, a constituição da subjetividade ou as regras que regem a emissão de comportamentos. Muito menos dissertar sobre as estruturas e funcionamento do cérebro. O objetivo deste texto é o de tentar organizar e integrar, ainda que superficialmente, alguns conhecimentos que compõem e\ou podem compor a psicologia e demonstrar como eles se relacionam ou podem se relacionar melhor. Bem como fazer sugestões diversas. No que compete as patologias é melhor deixar este trabalho para a psiquiatria e a psicologia o incorporar já construído. Os psiquiatras parecem exercer melhor o papel de estudar e tratar de patologias específicas como esquizofrenia. Já os testes psicológicos assumir como de sua responsabilidade. A parte que envolve alma, espírito, transcendental... deixar para a teologia. Não se trata de deixar de reconhecer ou não a existência dessas entidades, e sim focar mais em fenômenos e características mais palpáveis como personalidade, mente, subjetividade, comportamento, emoções, pensamento, linguagem, inteligência, estados psicológicos, etc. Procurar trabalhar de modo muito estreito com a neurociência, sempre caminhando lado a lado com esta disciplina. No que compete a promoção da saúde mental sabemos que esta é resultante de um conjunto muito grande de fatores de nutricionais à sociológicos. É preciso considerar estes fatores, mas separar as tarefas de cada disciplina e\ou área. É muito importante destacar nitidamente as diferenças entre cada conceito e mostrar como no mundo prático os fenômenos a que remetem esses conceitos interagem de modo dinâmico. Sempre separar um saber básico ou estrutural, por exemplo mente, comportamento, emoções, de uma técnica para abordar ou intervir nestes objetos como os testes psicológicos, psicanálise (uma técnica que usa associação livre para compreender a mente), psicoterapia... Ou seja, neste estágio estamos a tratar de uma aplicação e\ou intervenção sobre as estruturas básicas que corporificam os objetos de estudo da ciência como a mente, comportamento, emoções, personalidade, etc. É preciso ressaltar que as ideias tratadas aqui nada mais representam que uma membrana que envolve a complexa ciência da psicologia e que tenta delimitar sua zona

Algumas ideias sucintas para a Psicologia: enquanto ciência e profissão em construção

de atuação para facilitar o trabalho com uma melhor divisão de tarefas mais clara e objetiva. Porque se dedicar ao estudo do cérebro se a neurociência já faz isso muito bem. Basta incorporar ao curso. O mesmo vale com a psicopatologia. Isto não quer dizer também que este escopo de atuação não possa ser expandido, mas se pode perder o foco para entregar concretamente bons saberes e serviços para a sociedade. O objetivo aqui é apenas a ajudar a pensar nos aspectos mais gerais da ciência via uma análise epistemológica superficial e fazer algumas sugestões para melhor organizá-la. Apenas isso. Cada subdisciplina como mente, cérebro, subjetividade, comportamento, personalidade, identidade, emoções, motivação, inteligências, patologias, aprendizagem e aprendizagem social, teoria de grupos, estruturas e poder, tipos de relações e relacionamentos, desenvolvimento mental, estado e posturas mentais (positiva, negativa, euforia, fúria, depressão, ansiedade, apatia...), bem como as técnicas e\ou abordagens diversas como psicanalise e psicoterapias como humanista existencial, abordagem centrada na pessoa, de grupo e familiar, abordagem comportamental, hipinose, programação neurolinguística, técnicas de motivação, psicodrama e outras dinâmicas, neuro análise ou análise das condições cerebrais, testes diversos. São constituídas por vasta literatura, portanto requer muito estudo e especialização, especialmente. O texto traz apenas uma visão geral e superficial das coisas. Podemos tentar relacionar alguns destes conceitos dentro do escopo da psicologia, como por exemplo, o cérebro consiste na estrutura material ou física composto por um conjunto muito complexo de estruturas como a amígdala, corpo caloso, córtex cerebral, rede neuronal, sistema nervoso e outros. É neste que a mente humana é produzida e armazenada via seu funcionamento (só existe mente porque existe o cérebro) possibilitando assim a produção de pensamentos, emoções, imagens, registros verbais, registros sensitivos. Isto ocorre pela via das ligações sinápticas entre os neurônios. Diferentemente do cérebro a mente refere-se a parte imaterial, o software da relação entre estes. Para que as ligações sinápticas aconteçam demanda-se energia, podendo esta ser química (via neurotransmissores) ou elétrica (via o contato direto das terminações nervosas dos neurônios) sendo obtida e produzida pela via da alimentação e funcionamento geral do corpo humano, especialmente no interior das células pelas organelas citoplasmáticas denominadas de mitocôndrias (as usinas de produção de energia do organismo). Tal como o cérebro, apesar de imaterial, a mente, segundo o psicanalista Sigmund Freud, também possui uma estrutura (mesmo sendo imaterial) composta pelo inconsciente ou id, pré-consciente ou ego e consciente ou superego. A primeira está relacionada com os instintos mais primitivos, é a parte da mente (tal como o cérebro reptiliano) reptiliana, o ego trata-se de uma camada intermediária entre o id e o superego, mais civilizada e evoluída que a primeira e inferior a segunda e trabalha como uma espécie de moderador entre ambas. Já o superego está relacionado com os registros e observância dos aspectos mais elevados e evoluídos da cultura. Do ponto de vista cerebral o id teria uma certa correspondência ao cérebro primitivo ou reptiliano responsável pelo monitoramento para o atendimento de demandas ou funções mais básicas (alimento, sexo, segurança...) e essenciais para a sobrevivência, já o ego e superego estão ligados mais as atividades do córtex pré-frontal mais racional, civilizado e sofisticado. Todas as características dos seres humanos como personalidade, identidade e subjetividade estão gravadas no cérebro e se manifestam via a produção da mente. A mente atua como o sistema operacional das coisas sendo o cérebro a parte física e mecânica para que este sistema possa funcionar, um depende do outro. A subjetividade é constituída pelos conteúdos ou elementos da mente, são os softwares adicionais instalados neste grande sistema operacional. Por isso é única. Todas as pessoas possuem cérebro e mente com estrutura similar, mas cada uma possui uma história de vida própria e, portanto, registros cerebrais únicos e específicos. Não os pensamentos em si, mas o conteúdo dos pensamentos, imagens, lembranças, etc. Sendo esta formada e reformada pela interação dinâmica do indivíduo com o mundo ou ambiente. Cada pessoa possui uma personalidade podendo esta ser categorizada como eufórica, deprimida, furiosa ou outra. Mas ainda que pessoas diferentes possam ter traços de personalidades semelhantes cada uma possui uma identidade distinta porque possui uma subjetividade única, tal como um CPF. Por essa razão

Algumas ideias sucintas para a Psicologia: enquanto ciência e profissão em construção

nenhuma pessoa pode ser igual a outra, nem do ponto de vista biológico nem psicológico, sendo portanto, singular. Estando ou vivendo em interação com o meio e por ser um ente biológico todas as pessoas estão sujeitas a captação de estímulos internos (fome, sede, sono...) ou externos (sons, imagens, frio...) sendo o conjunto do seu aparelho sensitivo (sistema nervoso, pele, olhos, ouvidos, língua...) o responsável pela captação destes estímulos. Diante de certos estímulos as pessoas tendem a emitir certos padrões de comportamentos como correr diante de uma ameaça, se agasalhar quando sentem frio, comer quando com fome... As emoções funcionam como uma espécie de reações a este conjunto de estímulos e expressão de certas sensações ou sentimentos como o medo, raiva, tristeza... essas expressões podem por sua vez serem captadas e compreendidas por outras pessoas. Uma glândula no cérebro denominada de amígdala exerce papel importante neste processo. Além dos níveis de certos hormônios no corpo como testosterona, progesterona, ocitocina, melatonina, insulina, bem como outras substâncias químicas como dopamina, serotonina, adrenalina. Em suma, a parte química também exerce importante influência no estado emocional e psicológico dos indivíduos, para o bem ou mal. Neurotoxinas provenientes de metais pesados como o mercúrio, chumbo, alumínio e outroas, tendem a fazer muito mal ao funcionamento cerebral, portanto as emoções. Daí a importância do equilíbrio químico do organismo, seja de um lado retirando toxinas ou, do outro, ingerindo nutrientes como os minerais e as vitaminas, especialmente as do complexo B no caso do cérebro. Além de outros nutrientes essenciais que servem de nutrição cerebral como os óleos do tipo ômega 3, o sono, sol, água, etc. O cérebro para funcionar bem demanda certos nutrientes com regularidade tais como óleos e gorduras saudáveis, carboidratos de qualidade, vitaminas em geral especialmente as do complexo b, minerais, outras substâncias como o aminoácido triptofano, colina, inositol e muitas outras que podem potencializar o seu bom funcionamento bem como do corpo em geral. Sendo que algumas substâncias podem atrapalhar seu bom funcionamento como as provenientes da ingestão de álcool e drogas em geral. Certos estímulos, emoções, aquisição de saberes e outros tendem a motivar as

Algumas ideias sucintas para a Psicologia: enquanto ciência e profissão em construção

pessoas a fazerem certas coisas de modo menos ou mais inteligente conforme suas competências e habilidades inatas e adquiridas ao longo da vida. Para desenvolver essas inteligências as pessoas tendem a utilizar técnicas como a da aprendizagem social que, em alguma medida, consiste em buscar modelos sociais dos quais se é possível aprender algo. As vezes as coisas, em algum ponto, não dão muito certo, daí surgem as patologias mentais, consequência de uma disfunção em algum lugar e\ou algum ponto, seja no cérebro, na mente, subjetividade ou em todas as partes juntas. O que pode resultar em estados mentais negativos como a tristeza prolongada e pensamentos suicidas. Uma das causas pode estar relacionada a pertença em grupos disfuncionais como seitas religiosas ou políticas que criam estruturas de poder que produzem relações tóxicas de submissão, opressão, dominação. O que pode levar a pessoa a ferir ou danificar suas estruturas mentais que comportam e regulam, em conjunto com o cérebro, sua subjetividade, autoimagem e identidade além de sua própria fisiologia ou biologia. Técnicas como os testes, dinâmicas, análise, psicoterapia, hipnos e outras servirão para ajudar no processo de identificação e correção dos problemas. A dissertação acima serve apenas como um exemplo acerca de como podemos estabelecer relações bem sucedidas e lógicas dos conceitos estruturais da e na composição da ciência psicologia num contexto mais prático, amplo e sistêmico.

Para resumir e ressaltar vale dizer que para o autor (com base naquilo que conhece e entende) os fenômenos produzidos pelos objetos que a psicologia trabalham vão além do estudo do cérebro (neurociência), dos indivíduos e sua interação com o meio (comportamento, produzido via relação de estímulos\respostas), da subjetividade (os registros contidos no cérebro que interagem entre si), da psique (a estrutura da mente [o software], esta produzida pelo cérebro [o hardware]), a cultura (o modo como os indivíduos abordarão o mundo), e outros possíveis fatores não abordados aqui. Para ele os fenômenos psicológicos tratam-se de um produto da combinação bem-sucedida ou não (neste caso as patologias) deste conjunto de elementos que interagem entre si. Ou seja, o estudo dos objetos em separados trata-se de uma condição necessária, mas não suficiente, para se compreender o seu

Algumas ideias sucintas para a Psicologia: enquanto ciência e profissão em construção

produto (no caso os fenômenos psicológicos) que se manifestam via comportamentos, menos ou mais inteligentes, menos ou mais adequados a cultura e as circunstâncias que se depara no contexto ou no meio em que vive. Ou seja, em maior ou menor simetria ou adequação a realidade. As patologias (os estragos) são anomalias ou defeitos em relação aquilo que se coloca como referência ou parâmetro. Já as terapias consistem em técnicas que têm como propósito se consertar, prevenir ou amenizar, respectivamente, algum defeito, possível problema futuro ou, por último, se reduzir uma parcela do sofrimento que acomete o indivíduo no tempo presente. A loucura talvez possa ser caracterizada como um distanciamento, manifesto via emissão de comportamentos (verbal, operacional ou de outro modo) que se afaste dos parâmetros de normalidade de modo perene e intenso. Estes parâmetros tendem a serem traçados em relação àquilo que se espera do indivíduo num determinado contexto. Suas causas podem residir nos diferentes elementos ou componentes que interagem entre si e que criam os fenômenos psicológicos (tais como comportamento físico ou verbal, pensamentos,

expressão de emoções, estados psíquicos como a tristeza, etc.).
Pode, por exemplo, se tratar de um defeito no cérebro, de uma
assimetria exagerada entre sua cultura (os registros contidos
em seu cérebro) e o meio em que vive, gerando dificuldades
de adaptação a sua realidade, doenças físicas que causam
alterações psíquicas (no funcionamento da mente), e muitas
outras. A partir da análise dos problemas do sujeito pode-se
conceder a ele um tratamento menos ou mais humanizado
considerando-se suas características humanas integrais que
vão além do trato do problema específico em si que transporta.
Quando isto acontece dar-se o nome de abordagem humanista.

O propósito desse conjunto de sugestões consiste em tenta
criar um modelo melhor para uma psicologia integral e
científica capaz de englobar as subáreas da psicologia como
psicanálise, comportamentalismo, estudo das inteligências...
que podem ser caracterizados como científicos, bem como
categorizados corretamente, no sentido em que cada coisa
recebe a nomenclatura correta e se encaixa numa categoria
específica. Por exemplo, a psicanálise como uma técnica (a
associação livre) para se ter acesso aos elementos da mente,

Algumas ideias sucintas para a Psicologia: enquanto ciência e profissão em construção

sendo esta composta por 3 esferas distintas (inconsciente [id], pré-consciente [ego] e consciente [superego]) e produzida pelo cérebro, sua base material ou estrutural. O mesmo vale para as abordagens como humanistas, (exemplo, a centrada na pessoa de Carl Rogers) que, partindo-se dos mesmos elementos básicos que criam os fenômenos psicológicos (cérebro, mente, ambiente, subjetividade...) enxerga e trata o paciente de um determinado modo específico, considerando as características integrais de uma pessoa e com mais humanidade, por exemplo. É muito importante ter em mente que, independente da abordagem (psicanálise, centrada na pessoa, familiar, comportamental...) os fenômenos e estruturas, as leis naturais que regem o comportamento destes fenômenos e estruturas são as mesmas. Por exemplo, a estrutura e funcionamento do cérebro e da mente não muda em função de uma abordagem A ou B. O mesmo vale com as leis que regem o comportamento, como das reações de estímulo e resposta. O repertório de emoções, estados emocionais, as inteligências, padrões de personalidades, patologias, o funcionamento do cérebro e da mente. As abordagens exercem o papel de ferramentas que permitem acessar e manipular tais fenômenos e estruturas. Por exemplo, a psicanálise como uma técnica que faz uso da associação livre a qual possibilita acessar e analisar os conteúdos da mente e subjetividade registrados no cérebro. Não existe mais de um modelo de cérebro ou de estrutura e funcionamento da mente, o que varia de indivíduo para indivíduo são os conteúdos da subjetividade que são registrados no cérebro e manipulados pela mente. Isto independente da utilização de uma abordagem X ou Y. Uma pessoa não deixará de ser pessoa com todas as características que uma pessoa possui devido ao uso de uma abordagem A ou B, por exemplo. O que basicamente deve-se mudar de uma abordagem para outra consiste no ângulo ou modo com que os mesmos fenômenos e estruturas (cérebro, mente, comportamento, personalidade, emoções e estados emocionais, inteligências, conflitos, relacionamentos, patologias...) são tratados ou abordados. As patologias precisam ser entendidas como uma distorção do sistema que, pode ou não, estarem relacionadas com um dano físico do cérebro ou na alteração de seu funcionamento sem

Algumas ideias sucintas para a Psicologia: enquanto ciência e profissão em construção

necessariamente este estar mecanicamente alterado. Os conhecimentos produzidos em algumas dessas subáreas são baseados em evidências e podem, ainda que passível de aperfeiçoamento, serem classificados como científicos. Outros saberes trata-se apenas de especulação sem um composto de dados observáveis válidos e passíveis de reprodução. Neste caso deve-se descartar. Ou seja, é preciso fazer uma peneirada intra ciência para classificar e agrupar cada composto de saberes de acordo com sua real natureza, característica e\ou constituição. O modelo descrito acima ainda encontra-se em estágio primitivo e precisa passar ainda por muitos e sucessivos estágios de aperfeiçoamento e refinamento, trata-se de um longo processo antes de poder ser classificado como um projeto para uma psicologia, realmente, científica com base em evidências. Vale lembrar que este trabalho não consiste num projeto para uma psicologia científica e sim uma espécie de meta-análise epistemológica da ciência com o objetivo de melhor organizar àquilo que já existe. No entanto, pode ser considerado como mais um passo, dentre os muitos que ainda precisarão ser dados. Não se deve confundir as coisas. O fato de se buscar estruturar cada vez mais a ciência com mais dados objetivos não impede de se conceder um tratamento mais humanizado e integral as pessoas. Ou seja, se utilizar de bons conhecimentos para ajudar as pessoas atendidas. Uma coisa não invalida a outra, pode-se efetuar uma análise por exemplo e, ao mesmo tempo, considerar as características integrais da pessoa do indivíduo analisado como sugere Rogers. O que não pode perder de vista é que independente da abordagem as estruturas e fenômenos (mente, cérebro, emoções, personalidade...) permanecem os mesmos. Logo, independe de abordagem, a nomenclatura e descrição da estrutura e funcionamento destes fenômenos não deve mudar de uma abordagem para outra. Porque na prática trata-se dos mesmos fenômenos.

Ainda que este não trate de um projeto para uma psicologia científica é preciso sim se criar um modelo, ainda que a princípio "grosseiro", passível de ser submetido a possíveis refinamentos posteriores e que englobe as demais teorias psicológicas. Como, em alguma medida, Freud tentou fazer e os físicos o tentam fazer na disciplina. O propósito disso é não deixar as teorias dispersas sem um tronco ou entorno comum a estas. Uma espécie de psicologia de tudo que engloba as demais psicologias e estabelece correlações entre estas. Paralelamente a construção deste modelo deve-se continuar no trabalho de aperfeiçoamento das demais teorias psicológicas em separado sempre com base em evidência, bem como passível de reprodução. Se um determinado saber não possui uma base em evidência ele deve ser classificado como tal, por exemplo uma hipótese ou uma técnica para se abordar determinado problema. O ideal é que se explicite o método ou a pesquisa a qual fez com que se chegasse neste determinado resultado, bem como se categorize este saber. E não segundo A ou B, mas segundo os fatos observáveis. O comportamentalismo de Skinner consegue fazer isso bem, apesar das imperfeições, bem como a neurociência.   A psicanálise, por exemplo, se baseia em observações clínicas e intenta trabalhar com uma estrutura mais sensível ou menos perceptível, a mente. Sendo esta produzida pelo cérebro, sua base material. Entretanto como ela (a mente) não pode ser diretamente observada torna-se mais difícil validar sua estrutura, então, neste caso, deve-se trabalhar com hipóteses. No entanto, mesmo as hipóteses, precisam ser formuladas com um lastro em dados. Ou seja, elas precisam possuir um lastro em dados capaz de lhe dar corporificação. Um exemplo encontra-se na teoria do início do universo que, apesar de não possuir uma comprovação irrefutável do modo como o fenômeno seu deu, ao menos se possui um lastro de dados e\ou informações captados na própria realidade que permitem formar uma teoria lógica, com bases nesses dados. Não necessariamente a teoria está correta, no entanto ela pode ser aceita, ao menos até que uma outra composta por uma melhor lógica desponte.

A psicologia parece situar-se na fronteira entre as ciências humanas e da saúde. Não é incomum nas ciências humanas a produção de discursos ou a utilização da linguagem sem uma base material ou uma coisa a ser associada a palavra. Em parte porque as pessoas querem ter poder, em vez de querer ter razão. Por exemplo quando se utiliza a palavra mesa deve-se remeter ou associar a palavra mesa ao objeto físico real que possui essa nomenclatura. De modo algum, em ciência, pode-

Algumas ideias sucintas para a Psicologia: enquanto ciência e profissão em construção

se fazer uso da linguagem sem um lastro em dados, num objeto, estrutura, fenômeno, mecanismo... Ou seja, sem remeter a um objeto, seja ele físico ou não. É desnecessário a utilização de nomes diferentes descrevendo a mesma coisa. Porque? Para simplificar, padronizar, evitar erros, melhorar a comunicação, etc. Não precisa existir dois nomes e descrições diferentes remetendo a mesma coisa, por exemplo, o estado de tristeza. Por exemplo, uma pessoa no consultório pode falar muitas coisas sendo uma parte do que diz ser mentira. No entanto, mesmo a mentira, deve ser tratada como um elemento ou parte do composto de dados, que servirá como meio para se encontrar a verdade. O sujeito pode dizer no consultório que sua esposa o traiu, sem isso de fato ter ocorrido. Deve-se perguntar então porque inventou esta história, uma vez descoberta a inverdade.

Em suma, é preciso conceber um modelo que englobe as outras teorias psicológicas de modo harmônico de modo que as comporte. Em alguma medida, foi o que Freud tentou fazer em seu projeto para uma psicologia científica. Este modelo deve ser passível de mudanças e refinamentos. Qualquer que seja a teoria psicológica esta precisa estar (ou deve ao menos buscar) compatibilidade com este modelo. Além disso precisa ser compatível com outras disciplinas científicas tais como a biologia, a antropologia entre outras. As teorias psicológicas precisam ser classificadas tal como são, uma técnica, uma lei básica e universal como a da relação de estímulos e respostas, a mecânica do cérebro e suas produções, etc. À medida que os conhecimentos evoluem em outras áreas da ciência, como por exemplo do cérebro humano, as teorias psicológicas bem como o modelo que as engloba precisa evoluir e se adaptar a nova realidade também.

Pessoalmente sou totalmente desfavorável a ideia de se nomear uma área de estudo da psicologia como psicologia disso ou daquilo. No meu entendimento a nomenclatura correta é análise psicológica disso ou daquilo ou outro nome. É preciso distinguir com clareza as atividades ou tarefas que visão inteligir algo. Por exemplo, uma análise é diferente de uma observação, esta é diferente do processo de coleta de dados, que também se diferencia do agrupamento dos dados numa categoria específica, que é diferente da descoberta de

Algumas ideias sucintas para a Psicologia: enquanto ciência e profissão em construção

algo, sendo é diferente de se fazer algo com aquilo que se descobre, que também é diferente de se resolver um problema, e que difere do ato de se criar algo, etc. Uma coisa pode ser complementar a outra, no entanto são atividades distintas. Tal como levantar é diferente de abaixar, que é diferente de caminhar que é diferente de ouvir... Ou seja, são fazeres distintos e não a mesma coisa, mas isso nem sempre é nítido ou ressaltado, mas que na prática faz toda a diferença no processo de construção do conhecimento, bem como na sua organização, manipulação....

É preciso ressaltar que apesar das críticas existe um composto muito consistente do ponto de vista científico constituindo a ciência da psicologia (muitos saberes que, inclusive, desconheço), ainda que outros saberes não possam ser classificados como tal por estarem mais no escopo da filosofia e teologia por exemplo. Não que estes não sejam importantes, mas precisam ser classificados adequadamente não necessariamente como parte da ciência da psicologia. Seu campo é outro. As ciências precisam abordar os problemas com objetividade, mesmo a subjetividade. Temas como alma, espírito, transcendental, paranormal, sobrenatural... podem ser estudados contanto que no escopo da psicologia o faça com objetividade. Não existe ciência subjetiva, mas sim uma ciência que estuda com objetividade a subjetividade. Também não é o papel da psicologia orientar as pessoas sobre como elas devem viver, ainda que possa fazer recomendações para um estilo de vida saudável e\ou como abordar melhor problemas de relacionamentos, por exemplo. A filosofia de vida que cada um vai adotar pra si pode ser melhor aprendida na disciplina de filosofia e não na psicologia. O psicólogo pode ter sua particular filosofia de vida, mas cabe a cada um construir a sua própria, este não é o papel da psicologia. Compreender aspectos históricos, políticos, antropológicos e sociais é fundamental para qualquer bom psicólogo, mas estes não são objetos da psicologia. O mesmo vale com a literatura. Por isso a recomendação do uso do termo análise, como análise psicológica sócio-econômica, sócio-histórica, literária, etc. Ou seja, efetua-se como os saberes e ferramentas da psicologia uma análise de aspectos psicológicos em determinado contexto histórico, político, social, da literatura,

Algumas ideias sucintas para a Psicologia: enquanto ciência e profissão em construção

forense, etc. E não psicologia sócio-histórica, política, talvez até mesmo forense. Porque? Para não mesclar e\ou fundir a aplicação dos saberes e das técnicas produzidos(as) na psicologia com outros contextos. O repertório de emoções (tristeza, raiva, medo...) que um pessoa pode produzir\emitir, por exemplo, são os mesmos em qualquer contexto sócio, politico e histórico. O que muda essencialmente é quais emoções e comportamentos irão produzir\emitir e em que intensidade, o ambiente psicológico que se forma nestes contextos, etc.

Diego Brito

Alguns aspectos institucionais

A té aqui tratamos de aspectos epistemológicos que certamente não se esgotaram. Mas vamos agora tratar de algumas considerações institucionais. Bem como se pensar em meios possíveis de se dinamizar o aperfeiçoamento da psicologia como ciência e profissão numa perspectiva das instituições.

Certamente uma parte do que será dito aqui já está acontecendo e/ou já foi pensado, discutido, descartado, já aconteça ou esteja em andamento. De qualquer maneira penso ser pertinente listá-las.

1 – **Convênios:** existe grande quantidade de profissionais formados no Brasil, uma parte deles atuando em clínicas como profissionais autônomos. Muitos destes profissionais, como qualquer outro empreendedor, assume os riscos individualmente de seu empreendimento. Precisa pagar pelo aluguel, alimentação, transporte, luz, água, etc.... Poder-se-ia pensar (se já não existem, e se existem divulgá-los melhor),

Algumas ideias sucintas para a Psicologia: enquanto ciência e profissão em construção

talvez através de uma iniciativa por parte do sindicato ou dos conselhos, em se fazer convênios com farmácias, operadoras de plano de saúde, supermercados, etc. O estabelecimento destes convênios ajudariam a reduzir seus custos operacionais.

2 – Consultórios compartilhados: outra medida para se reduzir os custos operacionais reside na prática de se compartilhar a estrutura física dos consultórios com outros profissionais. Certamente não há nada de novo nisso. Mas o que se poderia fazer de adicional para facilitar essa prática é se criar mecanismos de identificação dos profissionais que possuem horários livres em seus consultórios e que interessam partilhá-lo com outros. Daí em diante basta colocá-los em comunicação com os que estão a procura de um novo consultório. O mesmo poderia ser feito entre aqueles profissionais que estão a procura de um consultório e podem, desta maneira, saírem em busca e partilharem de uma mesma estrutura. Inclusive com profissionais de outras áreas, quando possível, como fisioterapia, enfermagem, nutrição, fonoaudiologia, terapia ocupacional bem como médicos.

3 – Parceria com outras profissões: poder-se-ia pensar em estabelecer parcerias com outras profissões que atuam na área da saúde, mas que em relação a medicina são postas (indevidamente, pois todas são importantes) numa posição secundária. Como fisioterapia, enfermagem, nutrição, fonoaudiologia, terapia ocupacional e outras.

Pois parece-me que estas profissões que atuam no campo da saúde também não estão recebendo o reconhecimento social que merecem, basta ver o Ato Médico. E isto dentro e fora das instituições públicas. A razão disso deve-se a vários fatores. Como o da própria dinâmica do mercado que opera sobre os princípios da oferta e da demanda. Tempo de existência das profissões e sua penetração social, a atuação dos sindicatos, projetos de leis que favorecem ou não o exercício da profissão, organização da classe profissional, capacidade técnico-científica e de solucionar problemas reais, etc. Logo, como muitos profissionais que atuam na Psicologia já o dizem, é preciso estreitar os laços com essas outras categorias profissionais para fazerem reivindicações conjuntas, montar

Algumas ideias sucintas para a Psicologia: enquanto ciência e profissão em construção

parcerias estratégicas como no caso dos consultórios, dos convênios, proposição de projetos de leis, etc.

4 – Identidade e profissionalismo: existem algumas ocorrências que parecem ter se naturalizado na prática profissional que particularmente não julgo ser apropriado. Mas esta é uma opinião minha e que, diante das circunstâncias e sob outras perspectivas, talvez ela não seja válida. Toco nestes assuntos porque neste momento penso no exercício da profissão como um todo. Considerando que a prática de um profissional tende a melhorar ou a piorar a representação social da profissão de modo geral. Gostemos ou não os atos isolados de alguns indivíduos tendem a incidir sobre os demais, pois afetam a imagem (positivamente ou negativamente) que a sociedade forma dos serviços prestados pelos profissionais da área. Uma dessas questões reside em, às vezes, ocorrer uma certa flexibilidade por parte de alguns profissionais com relação ao preço cobrado pela consulta. Identificam a condição financeira do indivíduo e, conforme ela, cobram um preço menor ou maior. Às vezes dando prioridade ao atendimento àqueles que pagam um preço maior pela consulta. Na verdade essa prática acontece em muitas outras profissões e estabelecimentos. Talvez como reflexo da dinâmica neoliberal e do isolamento profissional. Acredito que seria mais coerente o profissional cobrar o mesmo valor de consulta independente das condições socioeconômicas do cliente e não ficar negociando conforme suas condições. Se a pessoa não pode pagar pela consulta ela pode ser encaminhada para um local onde se realizam atendimentos gratuitos ou a preços populares. Talvez o conselho devesse montar uma tabela de referência por região (sei que já não existe), porque os custos operacionais para se instalar um consultório, por exemplo, na zona sul são mais altos que num bairro de periferia. Seria bom que esta tabela fosse seguida por todos de modo a se evitar essa concorrência de mercado baseada no preço.

Outro ponto está na relação profissional/paciente que parece, às vezes em alguns casos, se estender para uma relação de intimidade física. Atualmente existem muitos locais onde o sujeito pode encontrar um parceiro ou parceira por mais inabilidoso e feio(a) que seja. Porque então não se evitar que isso ocorra justamente em seu local de trabalho com o ou a sua paciente? Quando no vestibular uma professora de Química dizia na sala de aula que devíamos tomar muito cuidado ao consultar com um psicólogo. Procurei saber porque ela dizia aquilo ali e, ao que soube, pareceu-me que sentiu-se seduzida por um desses profissionais ao realizar seu tratamento. Sua queixa não se voltava para o profissional específico e sim para toda a categoria profissional. Precisa-se de anti-marketing pior do que este para a profissão? Se o problema do ou da paciente é a falta de um parceiro então que o consiga em outro lugar. Pois esta não é função do psicólogo. Uma coisa é uma ocorrência eventual, outra é uma prática rotineira. Não se trata de moralismo e sim de profissionalismo. Esta questão, ao meu ver, deveria ser trabalhada. Não é preciso nem dizer que se o sujeito está com sono deve dormir em casa e não na frente do paciente, que precisa disponibilizar um tempo mínimo para cada consulta, bem como lhe prestar a devida atenção e tratar-lhe com respeito. Parece não existir uma vestimenta específica para o exercício da profissão, mas talvez isso deva-se ser considerado como meio de ajudar a construir sua identidade profissional e, consequentemente, ser distinguido na sociedade. Os médicos e advogados não fazem isso por nada. Um ponto sensível que desejo abordar está num aspecto da formação do psicanalista. Vejamos em seguida.

5 - Formação do psicanalista e a psicologia: um ponto sensível, devido sobretudo as diferentes opiniões sobre o assunto, refere-se ao processo de formação de um psicanalista. Parece-me que nos primórdios da psicanálise a adesão da classe médica não foi grande, fazendo com que Freud abrisse as portas para que profissionais de outras categorias se tornassem psicanalistas. Ou seja, naquele momento parecia existir esta demanda de profissionais que se dispusessem a exercer a atividade. Assim foi-se flexibilizado o pré-requisito de o postulante a psicanalista ser médico. O sujeito então passava (e passa) por uma análise, realizava alguns estudos sobre a teoria (e realiza), supervisionava (às vezes) alguns casos e, conforme uma análise individual, estava (está) apto a exercer a atividade. Parece-me que sua formação

Algumas ideias sucintas para a Psicologia: enquanto ciência e profissão em construção

baseava-se (ao que parece hoje nem sempre baseia-se), nestes três pilares. A análise pessoal, os cursos teóricos (e leitura de sua obra) e a supervisão dos casos clínicos. Na atualidade não vejo razão para que uma pessoa que não tenha uma formação médica específica como em psiquiatria e neurologia, ou em psicologia, exerça a atividade. Talvez salvo aqueles que já estão em atuação. As razões são diversas, a começar pelo fato de que a maior parte dos pacientes não sabem distinguir entre um psicólogo com formação que exerce a psicanálise, de um engenheiro mecânico que é psicanalista. Na verdade talvez a maioria das pessoas não saibam sequer o que é psicanálise, behaviorismo, abordagem humanista ou outras. Em muitos casos não sabem nem mesmo diferenciar a atividade de um psiquiatra para de um psicólogo. Vão em busca de uma ajuda psicológica e não estão muito preocupadas e preparadas para fazerem esse tipo de distinção. Não conhecem bem a sua demanda e muito menos que tipo de profissional pode ajudá-las a tratar eficientemente dela. Se encontram com um advogado psicanalista (com um monte de diplomas pregados na parede de seu consultório) que se parece com um terapeuta familiar devem continuar por lá. Além do mais centenas ou milhares desses profissionais que se parecem com psicólogos são despejados a todo momento no mercado. Não raramente sem um preparo adequado. Que garantias existem se estes serão bons profissionais. E ainda que se tornem excelentes profissionais é preciso reconhecer que a demanda (ou clientes, pacientes, mercado...) tende a exceder em muito a oferta. Ou seja, muitos profissionais que passam por um longo processo de formação ficam sem clientes ou pacientes sendo obrigados a fecharem seus consultórios e abandonar sua profissão devido ao forte desequilíbrio na relação de oferta e demanda muito em favor da oferta. E porque alguém que possui uma formação totalmente diversa da área de saúde está habilitado a exercer uma atividade desta natureza em detrimento de alguém que possui uma formação vasta e específica? Um não graduado na área tem mais competências do que um graduado? Se sim. Então para que serve a graduação? Sem contar a grande confusão das muitas formações ou escolas psicanalíticas que por aí se difundem sem nenhuma regulamentação. Se basta passar pela formação de psicanalista para trabalhar numa clínica então pra que se formar em psicologia ou psiquiatria? Quem garante que o futuro psicanalista, em seu consultório de frente para o cliente, não vai também exercer o papel de humanista, de behaviorista, de psicólogo familiar, neurocientista, coach, etc. Ninguém. Vale ressaltar que não justifica invalidar o exercício profissional daqueles que já estão trabalhando na área (estes podem receber uma carteirinha de uma instituição especializada mediante um teste ou prova, por exemplo) e sim estabelecer novos critérios para os futuros profissionais. Os psicólogos e psiquiatras podem tanto analisar como oferecer cursos e treinamentos para os futuros profissionais da área e colegas de profissão que desejam se tornarem psicanalistas. Quem desejar então se tornar psicanalista que se forme antes em psicologia ou psiquiatria para exercer a profissão. Como acontece na medicina, nutrição, engenharias...

6 – **Manual:** como mencionado acima, facilmente confirmado pela via de questionamentos diretos as pessoas, muitos dos usuários dos serviços da psicologia clínica não conhecem as

subdivisões que ela apresenta. Ou seja, não sabem distinguir um psicanalista, de um behaviorista ou de um humanista ou de outras. Mal sabem distinguir um psiquiatra de um psicólogo. Por causa disso sugiro a criação de um manual informativo para ser disponibilizado a população com o objetivo de esclarecer as diferenças entre as diversas linhas da psicologia. Desta maneira o usuário terá uma visão mais clara sobre qual profissional deve procurar. Mais abaixo trataremos da questão da especialização.

7 – Especialização e demanda: este é outro ponto importante a ser tratado e que pode também gerar muitas controvérsias. Hoje se fala muito muito na academia em interdisciplinaridade, multidisciplinaridade, transdisciplinaridade, pensamento complexo, etc. Pessoalmente gosto muito dessa ideia e, principalmente, da figura de Morin. Na verdade também realizo estudos interdisciplinares e certamente sem isso não estaria neste momento aqui escrevendo este texto. Sou também um defensor desta postura, por entender que os objetos no mundo real não estão fragmentos e sim relacionados. Freud, Skinner e Rogers também não teriam realizado o trabalho que o fizeram sem um mínimo de interação com outras áreas do conhecimento. É fácil perceber isso em seus textos. Mas o estudo disciplinar e a especialização têm também a sua razão de ser, bem como a sua importância. O problema não reside na separação em si, mas na reunião. Ou seja, somos hábeis em separar as coisas mas deficientes em relacioná-las depois. A separação em disciplinas nos permite aprofundar nossos esforços de pesquisa de modo que possamos compreender cada vez mais como um objeto funciona em nível cada vez mais específico. Pois à medida que vamos separando e reduzindo encontramos novas relações e novas possibilidades de separações. Então separamos e reduzimos cada vez mais. Isto nos permite apreender a maneira como os objetos são constituídos e como operam com maior precisão. O que amplia nossos conhecimentos sobre os objetos e aumenta nossa capacidade de intervenção sobre eles. A pesquisa atômica consiste num bom exemplo. Se imaginava, em algum momento, que o átomo era indivisível. A unidade última da matéria. Então se descobre depois que mesmo os átomos podem ser divididos. Recentemente a UFMG recebeu uma visita da pesquisadora Milagredo Dresselhaus, conhecida como rainha do carbono. Notemos que ela não é conhecida como a rainha da Química, ou dos átomos ou da matéria, e sim do carbono. Ou seja, sua fama deve-se, principalmente, as pesquisas específicas sobre o carbono. Se pensarmos na primeira mulher a receber o Nobel de Química e da Física, Marie Curie, mecanicamente associaremos seu nome as disciplinas da Química e Física e não a pesquisas específicas sobre algo, ainda que as realizasse. Em outras palavras, foi percebido que as sucessivas divisões imprime efetividade a pesquisa. O que possibilita a operação sobre um determinado objeto com mais precisão, ainda que às vezes estas operações não sejam analisadas dentro de um contexto mais amplo.

Por causa disso sou simpático a ideia de que haja uma certa especialização, sem descartar a interdisciplinaridade, para o exercício prático da profissão. Pois o sujeito precisa portar um bom conhecimento acerca do objeto sobre o qual vai operar. Em alguma medida isto já acontece com a

Algumas ideias sucintas para a Psicologia: enquanto ciência e profissão em construção

especialização em diferentes abordagens da psicologia. Mas talvez essa divisão fosse mais efetiva em função da demanda do sujeito. Direcionando-o adequadamente para aquele profissional que mais estivesse apto a atendê-lo em função da sua demanda. Daí a necessidade de se identificar e conhecer primeiramente as possíveis demandas do sujeito para, a partir das demandas, se desenvolver as competências necessárias para atendê-las. Este profissional generalista que não direciona seus estudos para atuar eficientemente numa área específica do problema, poderá não ter muita efetividade prática. Porque pode não conseguir aprofundar no problema que se dispôs a resolver com efetividade. E talvez o máximo que poderá fazer é um trabalho parcialmente bom, quando comparado com um especialista, valendo o mesmo para o pesquisador. Neste trabalho, por exemplo, o autor aborda diferentes esferas do saber por, em alguma medida, realizar estudos interdisciplinares. Mas a verdade é que não possui\sabe\domina um domínio pleno de nenhuma destas disciplinas. Qualquer psicanalista, behaviorista, humanista, neurocientista ou outro especialista, possuem muito mais conhecimentos práticos e teóricos do que o autor sobre suas respectivas áreas de atuação. Estão muito mais aptos a operarem eficientemente sobre a *"sua demanda"* do que este, pois sua visão é mais generalista e superficial sobre estes aspectos. O máximo a que pode chegar com seus estudos interdisciplinares é na aquisição de uma visão mais geral das coisas. Visão está bem longe de ser eficiente para se operar na intervenção sobre um objeto específico quando comparada à de um especialista. O modelo médico de divisão em especialidades não existe por acaso, foram as demandas cada vez mais exigentes de se operar eficientemente sobre um determinado sistema com o propósito de solucionar concretamente os problemas que lhes eram demandados que os levaram a isso. Paralelamente, no âmbito das pesquisas, vai se produzindo cada vez mais conhecimentos sobre uma determinada área específica. Os estudos apenas sobre uma área específica tornam-se muito exigentes, ao ponto de restar pouco da atenção e energia do individuo para se aventurar em outros campos do saber. O mercado, por sua vez, exige um profissional que opere eficientemente sobre um determinado

Algumas ideias sucintas para a Psicologia: enquanto ciência e profissão em construção

sistema ao ponto de, realmente e eficazmente, solucionar os problemas reais a que foi demandado. A questão é que com a solução de um problema podem surgir outros ainda maiores. Ou problemas que requerem um conjunto de diferentes saberes, de diversas áreas, para se chegar a uma solução integral que possibilite a continuidade do funcionamento do sistema. Daí a necessidade de profissionais integradores que consigam estabelecer pontes com diferentes áreas do conhecimento. Para, pelo menos, direcionar a demanda corretamente aos especialistas e servir de ponto de conexão entre as diferentes atividades. Vemos isso no modelo médico que até hoje mantêm viva a figura do clínico geral, ainda que às vezes este não seja tão bem recompensado como outras especialidades médicas. Também podemos enxergá-los na figura dos projetistas, administradores, governantes, escritores, alguns cientistas e filósofos. Isto não que dizer que o profissional especialista não possa também ser generalista. Não há nada que o impede, a não ser as demandas da sua própria especialidade. Inclusive pode buscar outras perspectivas, de outras áreas do saber que se relacionam com a sua especialidade, conhecer um pouco mais sobre as atividades de seus colegas de maneira a estabelecer pontes de comunicação. Existem muitos médicos que são hábeis escritores, políticos e empreendedores. Che Guevara era médico, mas compreendeu que os problemas da medicina estabeleciam uma íntima relação com os problemas do sistema econômico. Não tem como ter saúde sem alimentação, por exemplo. Mas parece que na Modernidade ou Pós-Modernidade, até mesmo entre eles, existe uma certa tendência à alienação. Se conversamos com médicos mais velhos é possível se perceber um nível de erudição mais elevado, quando se compara com médicos mais jovens (uma impressão minha). Talvez isso se deva, além das exigências da especialização e das demandas do mercado, à dinâmica das sociedades modernas que oferecem uma variedade de distrações mais atraentes que os estudos silenciosos e solitários da ciência. Aliado a isso, a associação quase exclusiva entre trabalho e dinheiro, típica da sociedade de consumo. Onde o único significado do trabalho passa a ser o dinheiro. A motivação não é mais defender os injustiçados,

Algumas ideias sucintas para a Psicologia: enquanto ciência e profissão em construção

salvar vidas, mudar a sociedade, organizar e melhorar o espaço e, como consequência dessas atividades, conseguir os meios materiais necessários para a manutenção da vida. A motivação é a de executar um determinado trabalho, seja ele qual for, que permita ao indivíduo inserir-se na sociedade de consumo. Ou seja, não se trabalha mais para nenhuma das descrições acima como propósito, e sim pelo dinheiro. Se alguma delas ocorre, então é uma consequência e não a causa. Mas voltemos ao modelo médico. Temos que reconhecer que, em alguma medida ele funciona relativamente bem. E, se pensarmos num contexto mais amplo, na rede de profissionais trabalhando em conjunto, a multidisciplinaridade acontece de fato. Ao menos para aquelas pessoas que têm acesso aos serviços médicos de qualidade mediana. Se falta atendimento médico num país a população se revolta. Se alguém está doente vai logo ao médico e, não raramente, o procura por motivos de prevenção. Quais de nós não desejamos ter acesso a um serviço médico de qualidade? Os remédios, apesar do uso indiscriminado, também funcionam relativamente bem. O que seria dos médicos sem eles? Nesta ótica, a divisão da atividade dos psicólogos em especialidades clínicas em função das demandas que visam atender, parece-me ser algo interessante. Poder-se-ia começar com a criação da figura do psicólogo geral, de modo análogo ao clínico geral. Com formação mais generalista este profissional seria capaz de identificar as demandas do paciente e direcioná-las adequadamente conforme cada caso. A partir das demandas poder-se-ia criar especialidades clínicas que viessem a operar em especificidades como sexualidade humana, relações conjugais, relações familiares, trabalho, socialização, psicopedagogia, dependência química e outros vícios, consumismo, autoimagem, transtornos psicológicos como depressão, TDH, bipolaridade, neurose, histeria, perversão, psicose, etc. Além de outras áreas de atuação. Identificada a demanda do sujeito este seria direcionado ao profissional correto. Assim ele teria mais clareza sobre quais problemas abordar e certamente mais preparo para lidar com eles. Trabalhando em conjunto formar-se-ia então uma rede multidisciplinar que ampliaria consideravelmente os recursos para se chegar a soluções cada vez mais assertivas para o cliente. O que melhoraria cada vez mais a imagem social da profissão com o alcance mais amplo de sua finalidade última, que é a de ajudar as pessoas. E, como consequência e não causa, o profissional ajudaria a si mesmo sendo cada vez mais útil e demandado pela sociedade.

8 - Abordagem multidisciplinar e delimitação do campo de atuação: é muito comum hoje se ouvir falar da expressão abordagem multidisciplinar, onde mais de um profissional de especialidades diferentes, abordam um mesmo problema e/ou cuidam de um mesmo indivíduo. Como já foi tratado acima no tópico especialização e demanda, vimos que trata-se de uma poderosa abordagem. Que pode ocorrer somente intra profissão (exemplo, clínico geral e gastroenterologista) ou intra e extra profissão (exemplo, médicos e nutricionistas). No entanto, é preciso delimitar com clareza a zona de atuação de cada profissional e a parte(s) do(s) problema que ele se propõe a resolver. Bem como as relações que uma abordagem estabelece com outras. Nesta linha o papel do psicólogo não deve se confundir com o do assistente social, do psiquiatra, do administrador, com de outro colega psicólogo ou com qualquer outro. É preciso ser ter clareza a acerca de sua zona de atuação. Clareza esta não só por parte dos psicólogos, mas também dos outros profissionais com quem ele trabalha.

9 – Política: penso ser preciso também melhorar a formação política enquanto categoria profissional, organizar melhor enquanto classe. Ter mais clareza a cerca das nossas reivindicações sociais, nos comunicar melhor e de maneira mais respeitosa, pensar em conquistar melhorias para a categoria profissional como um todo e não apenas individuais, etc. Política também no sentido de melhorar a cidade, de prestar um bom serviço, de esforçar para solucionar os problemas que nos são demandados, de compreender o contexto maior que nos cerca, etc. No sentido de direitos e deveres mesmo. Não só de um e não só de outro. Afinal antes mesmos de ser Psicanalista, Humanista ou outro. O sujeito é um psicólogo. E antes de ser psicólogo é um cidadão e uma pessoa. Não podemos nos esquecer disso.

Algumas ideias sucintas para a Psicologia: enquanto ciência e profissão em construção

10 - Projetos de leis: neste tópico será mencionada outras medidas que podem ser importantes para o aperfeiçoamento da profissão. Podendo-se, inclusive, considerar a hipótese de as tomá-las em conjunto com outras categorias profissionais em função do seu caráter político. Como são medidas que requerem aprovação no congresso nacional e sansão da presidência da república, o quesito quantidade de pessoas que apoiam as proposições faz muita diferença. Na verdade tratam-se de já conhecidas reivindicações e que, em alguns casos, já existem projetos de leis em andamento. Uma das reivindicações é acerca de um salário-base para a categoria. Assim qualquer psicólogo que venha a trabalhar com carteira assinada em qualquer local deve receber um mínimo determinado por lei, como acontece hoje com os engenheiros, por exemplo. Aliado a isto parecem existir algumas funções, além da aplicação de testes psicológicos, que convencionalmente vêm sendo ocupadas por psicólogos. Como recrutamento e seleção, treinamento e desenvolvimento, atuação em hospitais e escolas, etc. Ao meu ver, o ideal seria que se criassem leis para que obrigatoriamente se contratasse um psicólogo aonde realmente ele vem se mostrando importante e indispensável como em hospitais, escolas, recrutamento e seleção, etc. De modo análogo a um projeto que precisa da assinatura de um engenheiro para poder ser executado, o mesmo deveria ocorrer com a presença de um psicólogo em algumas instituições. A decisão de contratar um psicólogo para atuar em locais onde sua presença é de grande relevância, não deveria depender do bom senso do administrador. Ainda que comumente o venha contratando. Sua contratação deveria ser garantida por lei. Sabemos da reivindicação da categoria pela jornada de seis horas de trabalho. Penso ser excelente. No entanto, acredito se o mesmo profissional fosse contratado por quatro horas e não seis, em alguns contextos como no funcionalismo público, talvez fosse mais interessante para a categoria como um todo. Porque ao se contratar o profissional por quatro horas mais pessoas poderiam conseguir um vínculo empregatício e garantir o mínimo de suas despesas. Teria mais tempo livre se quisesse, por exemplo, atender em seu consultório particular ou realizar outras atividades como lecionar. Como teriam menos

profissionais integralmente disponíveis no mercado e menos
dispostos a aceitarem "qualquer" oferta de trabalho, pela lei da
oferta e demanda, o profissional tenderia a se valorizar mais.
Ao menos assim acredito. Penso que a valorização profissional
no mercado, para além do funcionalismo público, deva ser um
de nossos objetivos. Pois é ilusório acreditar que o estado
absorverá toda, ou a maior parte, dos profissionais que se
formam todos os anos. Precisamos então ampliar nossa
empregabilidade para além do funcionalismo público. Bem
como aperfeiçoar a profissão para a atuação na condição de
profissionais autônomos.

11 – <u>Universidades / Pesquisa / Laboratórios</u>: uma técnica
poderosa de algoritmos computacionais consiste em dividir
um problema em partes menores, solucionar estes problemas,
depois reunir o conjunto das soluções dessas partes e se chegar
a solução final do problema maior e mais complexo. A divisão
e solução simplifica o problema, facilitando o processo para se
chegar a solução final. Descartes, em alguma medida, a muito
já nos disse isso e sua célebre afirmação de que "*o todo*

consiste na soma das partes", apesar das mudanças de paradigmas nas ciências, ainda é atual. É verdade, como bem dizem os teóricos da complexidade, que não estamos sendo tão eficientes na reunião dessas partes. Sobretudo numa perspectiva sociológica. Isto não quer dizer que devemos abandonar o método da decomposição dos problemas em partes menores. Mas talvez sim aperfeiçoar nossas capacidades de integração.

Nesta linha uma sugestão é se fazer àquilo que, em alguma medida, já se vem fazendo. Que consiste na criação de laboratórios que tratam de linhas de pesquisas específicas. A diferença reside na maneira como estas pesquisas vêm sendo conduzidas, bem como na organização dos laboratórios. Vamos partir do princípio que um laboratório de pesquisa tem como finalidade última se produzir ciência, ser produtivo. E que existe não apenas para se atender um pré-requisito do MEC ou qualquer outro. Ainda que o atendimento de outras finalidades que não a produção de ciência seja necessário. Como a utilização para estudos dos alunos. O que desejo dizer é que um laboratório não deve ter apenas uma existência

Algumas ideias sucintas para a Psicologia: enquanto ciência e profissão em construção

simbólica, ele precisa cumprir sua razão de ser que é a de produzir ciência. Por outro lado pressões externas por produção pode fazer com que o pesquisador passe a fazer "pesquisas" sem muito valor para o desenvolvimento da área. O fazendo apenas para "mostrar serviço". É preciso se ter uma certa clareza sobre quais problemas e/ou perguntas se deseja resolver ou responder. Por exemplo a célebre pergunta de Piaget, *"como o conhecimento se constrói"*. A partir daí poderiam se perguntar os pesquisadores que atuam nesta linha de pesquisa. Com a luz dos conhecimentos de outras ciências que hoje possuímos as ideias de Piaget precisariam ser atualizadas? Se sim, porque e em quais pontos? Ou, por exemplo, na perspectiva psicológica, o que é a depressão e o que se fazer para combatê-la e porque fazer isso? Uma vez identificado o problema ele poderia ser compartilhado com outros pesquisadores, em outras partes do mundo, e todos que atuam na área da pesquisa trabalhariam para resolver essas questões críticas. Mas não basta apenas responder as perguntas é preciso, como já foi dito, que a definição das metodologias de pesquisa fiquem claras para todos. Possibilitando assim a construção de um conhecimento válido e garantido-se que todos estão "falando a mesma língua". Me parece sensato a criação de mecanismos que, em alguma medida, norteie a abertura e funcionamento dos laboratórios nas universidades. Mas especificamente sobre a linha de pesquisa destes laboratórios. Pois seria interessante se houvesse uma certa distribuição quantitativa que visasse balancear o número de laboratórios e pesquisadores que trabalham com as respectivas linhas de pesquisa. Talvez em função do seu peso social. A ideia é evitar a existência de muitos laboratórios e pesquisadores que trabalham como uma determinada linha de pesquisa e outras ficarem desestruturadas e com poucos representantes. Ainda que as faculdades e universidades particulares não invistam muito em pesquisas, elas podem fazer com que seus laboratórios tornem-se mais produtivos, nos casos em que desejam dar alguma contribuição real ao desenvolvimento da ciência. Assim, por exemplo, poderiam ser inseridas dentro de um programa específico que lhes intuíssem quanto às diretrizes. Bem como a definição das linhas de pesquisas de que ficariam encarregadas. Poder-se-ia

Algumas ideias sucintas para a Psicologia: enquanto ciência e profissão em construção

projetar um sistema que conectasse esses laboratórios no nível da linha de pesquisa e a nível geral. A intenção é a colocá-los para trabalhar em conjunto e em comunicação.

É preciso se considerar a hipótese de se financiar alguns pesquisadores para se dedicarem exclusivamente às pesquisas. Penso ser mais produtivo do que particionar os investimentos em pesquisa entre muitas pessoas que, além das pesquisas, se dedicam a outras tarefas. O mais importante, no caso da pesquisa, não é quantidade e sim qualidade. Desta forma podem trabalhar sem distrações e se dedicarem exclusivamente as suas pesquisas. Me lembro de ter lido em um dos livros de Skinner um trecho em que ele se lamentava de se ocupar com muitas tarefas, restando-lhe pouco tempo para fazer suas pesquisas. Freud também reclamou de ter que deixar de atender em seu consultório e reduzir seus ganhos para se dedicar a psicanálise. Se a pesquisa é uma atividade vital para o desenvolvimento de uma ciência e, consequentemente, do aperfeiçoamento de todas as demais atividades que dela derivam, então porque não se investir adequadamente nesta atividade?

Existem muitas linhas de pesquisas com as quais a psicologia trabalha como motivação, personalidade, desenvolvimento, testes psicológicos, social, psicanálise, comportamento, etc. Logo precisam ser bem distribuídas dentro da estrutura de pesquisa que a ciência possui no Brasil e no mundo. De modo a destinar adequadamente os seus recursos de acordo com peso social de cada linha. Como já foi tratado acima é preciso se estabelecer pontos de conexões entre os variados objetos de pesquisas, para no fim corporificar uma só psicologia que englobe as demais "psicologias", bem como suas subáreas.

12 – <u>Consultórios/ Registro de consultas/ Banco de dados</u>: uma metodologia de pesquisa muito utilizada na Psicologia consiste na análise clínica. Constatamos isso nas atividades de Freud e Roger. Não seria absurdo dizer, apesar da atuação em outras áreas, que a Psicologia tem uma vocação intrínseca para a atividade clínica. Quando falamos em Psicologia, o que logo vem a mente, é a imagem de um psicólogo atendendo na clínica. Sei que a Psicologia vai muito além da atividade clínica, mas certamente concordarão que esta atividade tem um peso grande na aplicação prática de suas teorias.

Reconhecendo a relevância desta atividade para a Psicologia, sugiro a adoção de sistemas computacionais para auxiliar nestas atividades. Não existe um modelo único e exclusivo para isso, mas posso citar algumas características que estes sistemas poderiam conter. O objetivo principal está na coleta de dados a serem analisados depois. Com a coleta sistemática de dados muitas coisas poderiam ser feitas, inclusive a melhor utilização da estatística. Existem teorias específicas voltadas para o estudo e tratamento de dados que em suma procuram distinguir dados, de informação e de conhecimento. Nesta linha, a partir da coleta e análise de dados, podemos gerar conhecimentos consistentes. É comum os psicólogos clínicos usarem expressões como, *"na clínica tempos percebido um aumento dos casos de depressão"*. Ou, *"tenho recebido muitos pacientes com dificuldades de aprendizagem"*. Expressões como estas nos dizem que através de registros e percepções individuais ou coletivas de um grupo de colegas, se chega a estas conclusões. Imaginemos um sistema no qual sempre que um psicólogo clínico receber um paciente ele faça registros informatizados acerca dele e o armazene num sistema compartilhado na internet, fazendo-se uso dos recursos da moderna computação em nuvem. Os registros poderiam ser organizados hierarquicamente ou não, e divididos por categoria. Assim, poderemos saber, por exemplo, o número de pessoas que procuraram as clínicas com sintomas de depressão, identificar padrões de semelhanças entre essas pessoas, propor soluções e verificar os resultados. Existem muitas maneiras de se efetuar os registros sem que os dados pessoais do paciente sejam revelados. Os casos seriam compartilhados para fins de estudos e poder-se-ia, com esse sistema, se coletar uma gigantesca quantidade de dados. As possibilidades de se gerar novos e importantes saberes são gigantescas. Ao fazer os registros dos casos o profissional já poderia efetuá-los diretamente em seu computador pessoal, bastando apenas salvá-lo local e no servidor remoto simultaneamente. Seja em se tratando de novos casos ou de atualização. Os recursos para isso consistem basicamente no desenvolvimento do aplicativo e num computador pessoal com acesso à internet em cada consultório.

13 – <u>Diferentes meios de atendimento:</u> apesar de algumas críticas e objeções acredito que esses meios não convencionais de atendimentos, como on-line, por telefone, na residência e local de trabalho do cliente (quando não colocam a segurança do profissional em risco e comprometem a qualidade do atendimento), em horários, às vezes, diferentes do convencional de modo a adequar a disponibilidade do cliente, etc. Podem sim ser interessantes e servir como meios complementares do atendimento clínico em consultório.

14 - <u>Observações pedagógicas</u>: a questão pedagógica trata-se de outro ponto importante que não poderia deixar de ser mencionado aqui. Na verdade não são poucos os teóricos que tratam do assunto e nem sempre há consenso sobre qual a melhor didática a ser adotada, sobretudo na relação professor-aluno. Pessoalmente gosto da abordagem problematizadora de Paulo Freire, principalmente por despertar no sujeito sua condição política. Algo que julgo indispensável, sobretudo nas ciências humanas. Mas são questões mais de cunho pessoal e ideológico que necessariamente "científicas". Quero dizer que há pessoas, que no íntimo, acreditam num modelo hierarquizado de sociedade com as diferenças sociais como necessárias. Uso a expressão "no íntimo", porque nem sempre adotam um discurso coerente com seu posicionamento concreto, sobretudo quando atuando nas ciências humanas. Apesar de não compartilhar da mesma posição eu, simplesmente, respeito. Pois acredito que nem todos precisam compartilhar do mesmo ponto de vista e precisamos aprender a conviver harmoniosamente com as diferenças. Mas independe do posicionamento político do indivíduo existem algumas medidas simples que poderiam ser tomadas para facilitar na relação de ensino-aprendizagem. Uma dessas medidas consiste nas videoaulas. Sejam elas disponibilizadas na internet ou através de CDs. O poder deste recurso pedagógico é impressionante, sobretudo em nosso tempo onde cada vez mais recursos multimídias surgem. É bem mais fácil assistir a um filme a ler um livro sobre a história do filme.

Algumas ideias sucintas para a Psicologia: enquanto ciência e profissão em construção

Para essa geração, sobretudo, assistir a um filme parece ser muito mais fácil e prazeroso. Não estou dizendo que devemos descartar os livros, não é isso. E sim apenas agregar, com mais frequência, este poderoso recurso pedagógico. Skinner, já há muito tempo, propunha a utilização de uma máquina de aprendizagem. Na atualidade estes novos objetos de aprendizagem são abundantes e penso que poderiam ser mais e melhores utilizados como a Kan Academic (a maior escola virtual do mundo). Porque não? Vamos bloquear a evolução humana e da civilização para manter o emprego dos professores? Estes é que devem se atualizar e se reposicionarem no mundo. Talvez tornarem-se tutores via uma formação mais personalizada e próxima dos alunos delegando o papel das extenuantes e repetitivas aulas explicativas para as máquinas. Focarem mais em pesquisas específicas multi e inter disciplinares, extensão, produção de vídeos aulas, artigos e livros, acompanhamento dos alunos mais de perto, correção de deficiências, personalização no atendimento, promoção de eventos, seminários e discussões, visitas de campo, resolução de problemas práticos, fazer críticas, apontar erros e acertos, criar ferramentas, dispositivos, protótipos, testes... junto com os alunos, elaboração de projetos mais práticos, auxiliar na obtenção de certificações, construção de pesquisas, artigos, revistas e livros, indicação de vídeos, artigos e livros, correção de trabalhos, lerem mais e promover discussões acerca dos livros, diálogos mais frequentes com os alunos e, dependo do caso, com os familiares dos alunos, construção de materiais mais personalizados como apostilas, exercícios, dinâmicas, palestras, as próprias aulas explicativas mais personalizadas, criativas e menos automatizada, acompanhamento em estágios, atendimentos, projetos, manutenções e muitas outras atividades que podem fazer além das extenuantes e repetitivas aulas explicativas. Em suma, os hoje professores poderão explorar mais sua plasticidade e versatilidade, inclusive para viverem melhor, terem mais tempo livre, estudarem mais e, portanto, serem mais felizes. Essas iniciativas não precisam ser das escolas. Os conselhos, por exemplo, poderiam talvez tomar a iniciativa de se construir uma Academia Virtual na qual contivesse variados materiais como videoaulas, entrevistas, palestras sobre os mais

Algumas ideias sucintas para a Psicologia: enquanto ciência e profissão em construção

diversificados temas da psicologia, etc. No mundo da informática essa prática já é muito comum. Encontramos os mais variados vídeos sobre diferentes temas disponíveis na internet. A adoção de tais práticas não se traduz na redução do papel do professor, mas ao contrário, em seu alongamento.

Outro ponto é a utilização de muitos textos variados ao longo das aulas. Particularmente gosto muito da leitura dos textos e, de modo geral, são muito bons. Eles deixam as aulas mais enriquecedoras e servem de base para a promoção de discussões. Não tenho dúvidas disso. Mas existem outros ângulos que deveriam ser considerados. O primeiro é que se os textos forem muitos os alunos, sobretudo os que trabalham e estudam, tenderam a não fazerem uma leitura adequada dos mesmos. Porque precisam compartilhar seu tempo livre, energia e atenção com a leitura dos muitos textos que recebem nas variadas disciplinas que cursam simultaneamente. A utilização de textos muito variados pode fazer com que se perca a linha central do objetivo pedagógico da disciplina. Além de consumir o tempo e atenção que deveriam ser destinados ao aprendizado dos *"conteúdos essências e*

Diego Brito

indispensáveis à disciplina". Uma abordagem que na condição de aluno julgo ser muito bem-sucedida é quando o professor adota um pequeno livro que contêm uma espécie de resumo dos principais conteúdos indispensáveis à disciplina. As vantagens dessa abordagem são várias, a começar pelo tratamento que o estudante dispensa ao material, manipulando-o com muito mais zelo. Finalizado o curso tenderá a preservá-lo para consultas posteriores por muito mais tempo quando comparado a um texto. Não precisarão, a todo o momento, ficarem tirando xerox. O material tenderá a trazer uma linha sequencial e progressiva acerca do conteúdo. Podendo-se construir materiais específicos que evitem redundâncias por parte dos professores como Psicanálise I, Psicanálise II, Psicanálise III. Os alunos, já no início do semestre, teriam acesso à parte principal do material didático utilizado na disciplina e, sempre que quisessem, poderiam se adiantar na leitura e aprendizado do conteúdo. Os professores, em conjunto com o livro, podem desde o início do semestre, elaborarem seus cronogramas de aula e disponibilizá-los para

Algumas ideias sucintas para a Psicologia: enquanto ciência e profissão em construção

os alunos. Assim poderiam ler os capítulos necessários dos livros conforme os cronogramas de aulas.

Um detalhe refere-se a algumas disciplinas como Ética da psicologia, Epistemologia da psicologia, etc. Pessoalmente penso que se deveria atentar inicialmente ao conceito de, por exemplo, Ética, numa perspectiva mais ampla. Para posterior afunilamento para Ética na (e não da) psicologia, por exemplo. Mais um detalhe, que com a adoção de um livrinho específico para disciplina já tenderá a acorrer, refere-se a *"apresentação dos melhores conceitos"*. Lembro-me de uma aula de psicanálise que estudamos variados textos os quais demonstravam Freud formulando suas teorias sobre as neuroses. Suas ideias iam mudando com tempo sem se chegar a uma conclusão definitiva. Sem dúvida é muito bom acompanhar o desenvolvimento das ideias de um autor quando possível, mas é preciso destacar quais são os conceitos mais atuais sobre o assunto. Pois são eles que servirão, principalmente, de orientação para o profissional quando diante de uma situação prática. Por outro lado numa aula sobre as teorias do comportamento ou behaviorismo a professora recomendou um livrinho prático e resumido muito funcional para fins introdutórios.

15 – **Livros nas bibliotecas:** Skinner já fazia essa crítica em um de seus livros. Nossas bibliotecas costumam manter em suas prateleiras livros desatualizados e, não raramente, pouco interessantes. Talvez fazemos isso para preencher o espaço vazio e passar a impressão de quantidade. Acontece que essa prática acaba por confundir o suposto leitor e prejudicá-lo em sua pesquisa. Para quê, por exemplo, manter nas prateleiras de uma biblioteca um livro que trata sobre motivação, mas que se encontra desatualizado em relação ao que hoje conhecemos sobre o assunto. Ou sobre personalidade, inteligência ou qualquer outro tema. Em ciência precisamos manter em circulação aqueles saberes mais atualizados sobre um determinado assunto. Transmitir o conhecimento mais certo para o momento. Porque, por ser científico, ele pode mudar a qualquer momento. Então precisamos, portanto, estar prontos para atualizar nossos materiais. Se descobrirmos que uma determinada teoria estava errada então porque mantê-la viva

em circulação. Porque não manter nas bibliotecas materiais atualizados e mais assertivos sobre um determinado assunto? Pois assim os novos estudantes partiriam sempre do ponto mais atual em seus estudos. Isto não quer dizer que devemos destruir todos os materiais mais antigos. Mas colocá-los numa seção onde será percebido pelo leitor como àquilo que realmente é, uma parte da história daquela disciplina.

16 – <u>Promoção da saúde:</u> a psicologia como ciência e profissão precisa sempre no campo da saúde trabalhar para a promoção desta e não como ferramenta para rotular e classificar as pessoas como isso ou aquilo. Se isto realmente for necessário entendo que a psiquiatria executa melhor essa função. As enfermidades mentais existem, isto é um fato, sendo preciso diagnosticá-las. Mas uma vez feito isso o trabalho precisa ser o da promoção da saúde e não da alimentação de doenças e diagnósticos sem fim. As pessoas não precisam ficar reféns de enfermidades incuráveis como depressão, ansiedade, esquizofrenia ou quaisquer que sejam, este não é o propósito da ciência. E sim promover a saúde, buscar soluções efetivas para os problemas. Atualmente existem muitos canais no Youtube de grandes médicos e terapeutas brasileiros que trabalham insistentemente nestes conceitos, podemos citar aqui os doutores Lair Ribeiro, Uronal Zacan, Daian Siebra, Juliano Pimentel, Marcos Menelau, Rey, Rondon e muitos outros. Sabemos que muitas doenças podem ser evitadas com a adoção de hábitos saudáveis ou mesmo revertidas, tais como diabetes, pressão alta, gordura no fígado, obesidade, etc. No campo das enfermidades mentais, talvez com exceção da psicopatia, a história não é diferente. Se a psicologia deseja trabalhar na promoção da saúde então precisa caminhar sempre junta (não misturada) com outras disciplinas como a nutrição, educação física, politica, filosofia, pedagogia, fitoterapia, medicina integrativa, economia, teologia, odontologia, sociologia... Porque a promoção da saúde integral requer contextualização, a promoção de um ambiente social que permita tal condição, boa dieta, prevenção. Deve-se evitar a medicalização excessiva (ainda que esta não seja a função dos psicólogos) e privilegiar abordagens mais naturais e humanizadas. No

Algumas ideias sucintas para a Psicologia: enquanto ciência e profissão em construção

campo da saúde, sobretudo nesta sociedade distorcida, a ciência da psicologia tem um papel imprescindível, mas deve sempre contar com o apoio de outras disciplinas. Não pode arrogar para si a tarefa de curar sozinha uma pessoa e sim ajudar que a própria pessoa, adquirindo uma cultura da saúde, trabalhe para curar a si mesma. Pois ninguém cura ninguém, as pessoas são que se curam a si mesmas quando recebem os substratos necessários. Isto vale tanto para o campo fisiológico como para o psicológico. Como assinala o dr. Uronal Zacan *"a perda de saúde (mental ou fisiológica) só pode ser combatida com o ganho de saúde".* Já o ganho de saúde só pode ser alcançado e\ou obtido pela via da adoção de um estio de vida saudável que incorpora a aplicação dos muitos recursos existentes para a promoção da saúde, tais como dieta e suplementação adequada, exercícios físicos, jejum, sono, uso inteligente do sol, mente atenta, meditação, descontração e diversão, pensamento positivo, saúde financeira, controle do stress, desintoxição das células, ingestão adequada de água, desenvolvimento de uma mentalidade espiritual da vida, sentido de vida, organização, bons relacionamentos, habitação adequada, condições de trabalho humanizadas entre outras técnicas e fatores. Um olhar que desconsidera esta intricada teia responsável pela promoção da saúde e felicidade humana não pode triunfar. A saúde psicológica é apenas um componente da promoção da saúde integral de uma pessoa. Se os fatores que envolvem uma saúde integral é ignorado a saúde mental também não será obtida. Portanto a recomendação aqui consiste na adoção de uma visão sistêmica das coisas e não apenas específica, ainda que no escopo da atuação o profissional de psicologia atue numa esfera específica, mas sem desconsiderar a existência dos muitos fatores que envolvem a promoção da saúde. Em suma, atue no específico mas observe o todo. O corpo e mente humana não são máquinas simples e possuem singularidades. Cada pessoa possui uma história de vida distinta, uma fisiologia específica, uma subjetividade única... não se deve desconsiderar isso. O profissional de psicologia precisa trabalhar em conjunto com outros profissionais encaminhando as demandas corretamente quando no contexto da saúde. Por exemplo, para médicos, nutricionistas, educador físico, advogado, rede de assistência

Algumas ideias sucintas para a Psicologia: enquanto ciência e profissão em construção

social e outros. Precisa adquirir a habilidade de reconhecer as demandas e as encaminhar corretamente, apenas isso. Não deve tentar exercer o papel de médico, nutricionista, assistente social, educador físico, advogado... e sim identificar e encaminhar corretamente cada demanda específica. Simples assim.

17 - Proatividade dos conselhos e outras instituições: existem muitas coisas que os conselhos e outras instituições como universidades (federais principalmente) que atuam com a psicologia podem fazer para melhorar a ciência e profissão no geral. Por exemplo, acompanhar mais de perto os estudantes (ao se matricular no curso automaticamente se efetuar um registro nos conselhos) e se fazer pesquisas periódicas com estes, acompanhar os profissionais formados (independe da área de atuação) ao longo de suas carreiras, criar uma plataforma on-line exclusiva (como o site Vagas, Catho e outros, mas exclusivo para os psicólogos) para a profissão com a finalidade de recrutamento e seleção manter, um registro de todas as vagas formais (criar mecanismos que faça isso ocorrer como acompanhamento de anúncios, quando um profissional fichar comunicar o conselho...) abertas para os psicólogos como em hospitais, empresas, governo... para compreender melhor o mercado de trabalho, fiscalizar universidades e tentar equilibrar a relação entre oferta e demanda (se necessário fechar alguns cursos), talvez até estabelecer como faz os engenheiros um salário mínimo para o profissional, criar instituições exclusivas para os psicólogos (talvez abrir para outros profissões afins como de humanas e saúde complementar em geral e compartilhar os custos) como clubes, cafés, redes sociais... onde estes possam se encontrar para se confraternizarem e trocar ideias, fazer convênios diversos com redes de supermercados, clínicas médicas, hotéis, clubes, academias, lojas, livrarias e outros. Para uso dos profissionais com descontos, utilizar sistemas de softwares on-line que facilite as pesquisas (captação de dados) por exemplo recolhendo dados de atendimentos (patologias diversas, relacionamentos, queixas, drogadição, violência, desemprego...) nos consultórios, criar plataformas de atendimento on-line, promover seminários e cursos de

*Algumas ideias sucintas para a Psicologia: enquanto ciência e
profissão em construção*

qualidade, fazer boas vídeo aulas e documentários, acompanhar as publicações de livros e artigos e indicar na comunidade os melhores trabalhos que realmente agregam valor para os profissionais, o mesmo vale com cursos de aperfeiçoamento, manter boa comunicação com os profissionais formados, acompanhar mais de perto cada curso e muitas outras medidas não descritas aqui. No âmbito do atendimento clínico cada profissional se especializar numa abordagem (via cursos de pós graduação) e manter um registro de sua especialização como em Psicanálise, Comportamental, Humanista Existencial, Neuropsicologia (bem como se apresentar para os pacientes como tal), Consultor pessoal\carreiras ou Coach (nesta área os psicólogos podem ajudar muito, por exemplo)... de modo análogo à medicina. Quando (que tipo de demanda) se deve procurar um psicanalista, um comportamental, um neuropsicólogo? Se for qualquer uma então se especializar para quê? Vale notar que os pacientes não entendem bem as diferenças entre estas abordagens (sendo preciso educar\informar a sociedade também) sendo para estes tudo igual (no geral nem sabem diferenciar os psiquiatras dos psicólogos). Criar uma plataforma (como muitas que já existem por ai, voltadas mais para a medicina) que cadastre cada profissional que atende na clínica com sua respectiva especialidade e que associa\encaminha pacientes aos profissionais de acordo com alguns critérios como localização, especialização, preço de consulta e outros. Nesta mesma plataforma facilitar o processo de compartilhamento de consultórios entre os profissionais, atendimento on-line, etc. Manter uma biblioteca on-line e física própria para, inclusive, ajudar na arrecadação (as outras medidas também podem ajudar neste sentido). Reduzir o número de instituições para centralizar recursos e ampliar a qualidade. As instituições criarem mecanismos de transparência com o uso dos recursos arrecadados como com as taxas de filiação (quando na faculdade colegas reclamavam muito disso). Em suma existe muito o que se pode fazer para dar suporte aos alunos, universidades, pesquisa, profissionais formados, as próprias instituições.

Algumas ideias sucintas para a Psicologia: enquanto ciência e profissão em construção

18 - <u>O exercício da psicologia e sua relação com o dinheiro</u>: o psicólogo, como qualquer outro profissional da área de saúde ou não precisa ser bem remunerado, trabalhar em condições dignas, ser respeitado. Isto vale para o médico, enfermeiro, pedreiro, pintor, mecânico e qualquer outro bom profissional em nossa sociedade. Se isto não acontece então algo está errado. Trabalhar em condições ruins não é normal, ainda que tenha se normalizado em algumas sociedades. O fato de trabalhar com pessoas, de prestar um serviço especial e delicado, de em alguns contextos ter que lidar com pessoas enfermas, de tender a desenvolver boa consciência política, humana e social, não o exclui das leis econômicas e sociais que incidem sobre todos. Por ser psicólogo o padeiro não lhe fornecerá pão de graça, nem a distribuidora de energia deixará de lhe cobrar a conta, o depósito de construção não irá lhe fornecer tinta e cimento gratuito, a prestadora de saúde não deixará de cobrar as mensalidades do convênio médico, o pedreiro não irá construir sua casa de graça. Isto acontece porque as leis sociais e econômicas são as mesmas para todos. Portanto não caia nesta ilusão. Enquanto profissional precisa

Diego Brito

trabalhar para desenvolver cada vez mais competências para prestar um bom trabalho, ser solicitado, importante, útil e até indispensável para o bom funcionamento da sociedade. Mas o fato de ter boas intenções não o coloca numa posição especial na sociedade. Muitos religiosos também são bem-intencionados, enfermeiros, médicos, ativistas, professores e muitos outros. Não faltam pessoas bem-intencionadas por aí. Os recursos econômicos das pessoas são escassos e as demandas são muitas. Milhares de empresas atuando em milhões de segmentos distintos travam uma luta diária de vida ou morte pelo dinheiro do consumidor, por uma fatia do orçamento público... O mesmo vale com outros profissionais como médicos, enfermeiros, nutricionistas, educadores físicos, coachs, consultores, advogados, professores, religiosos... todos lutam por melhores salários e condições de vida na iniciativa privada e estatal. Porque este é o mundo, o mercado, as instituições... portanto entre na briga por melhores condições de vida também. Preste serviços voluntários para aqueles que não podem pagar pelos serviços, mas lute por uma fatia do bolo da produção econômica e social. Não é culpa dos

*Algumas ideias sucintas para a Psicologia: enquanto ciência e
profissão em construção*

psicólogos a fome na África, as injustiças sociais, a corrupção
no orçamento público, a epidemias das drogas... e, ainda que
deseje, não pode solucionar todos esses problemas do mundo.
Portanto, foque em sua demanda e no atendimento de suas
necessidades pessoais. Os religiosos, por exemplo, delegam
estes problemas para Deus. Também é comum se deparar com
muitos bons e bem intencionados professores idealistas nas
ciências humanas que acreditam que você (e não ele) deve
resolver os problemas do mundo. Acontece que estes já estão
com suas profissões e renda bem definidas e delegam esta
tarefa para você, do conforto de suas salas de aulas. Os mais
competentes neste discurso viajam pelo mundo afora dando
palestras sobre como deve-se fazer para mudar o mundo. Ou
seja, fazem disso sua profissão e negócio. Não caia nessa,
foque na sua formação adquirindo, por um lado, as
competências para prestar um bom e específico serviço para o
atendimento de uma demanda específica. O mundo e o Brasil
já estão repletos de idiotas úteis. Sendo um bom profissional
prestando serviços honestos e competentes já está
contribuindo para melhorar e mudar a sociedade, o país e o

mundo. E só poderá fazer isso se viver e trabalhar em condições dignas e adequadas. Pois do contrário ficará pobre, doente, depressivo, ressentido com a vida e profissão. Não prestará um bom trabalho nem para a sociedade, nem para si e família. Precisa antes resolver seus próprios problemas econômicos via uma melhor inserção social e profissional. Não fazendo parte (você e sua família) das estatísticas referentes aos problemas sociais. Alguém irá lhe dar dinheiro se precisar (e vai precisar)? Os professores irão pagar as mensalidades da faculdade para você? Como pretende comprar livros? Se não ganhar dinheiro com exercício de sua profissão vai ganhar como? Você consegue viver sem dinheiro? Como pretende pagar o aluguel do consultório? O salário que ganhará como servidor público (se conseguir uma vaga) será o suficiente? E como professor universitário (se conseguir tal feito)? Portanto seja sincero com você mesmo e foque naquilo que realmente pode e precisa fazer. Lembre-se um paciente não procura um psicólogo porque este deseja mudar o mundo, mas porque tem uma demanda pessoal que precisa ser atendida. Lute por melhores salários, por melhores

Algumas ideias sucintas para a Psicologia: enquanto ciência e profissão em construção

condições de vida, por mais reconhecimento, pela melhoria da profissão no geral, ajude seus colegas se puder... pois, na prática, ninguém fará isso por você. Acredite, o trabalho do psicólogo é realmente muito útil para a sociedade e população em geral. Ninguém está lhe fazendo um favor ao solicitar seus serviços, o fazem porque pode ajudar, contribuir, melhorar as coisas... Quando requisitar os serviços de outros profissionais ninguém lhe fará favores por ser psicólogo. Portanto não se deixe iludir por discursos bonitos e idealistas. As leis econômicas e sociais são duras e cruéis para todos e para os psicólogos não existem exceções. Também procure valorizar o tempo e o dinheiro investidos no atendimento por seus pacientes ou empregadores mesmo, ou sobretudo, se for um funcionário público. Não se torne mais um morcego que acredita que conquistou o direito vitalício de ganhar dinheiro sem precisar trabalhar e\ou prestar um bom serviço para a população só porque conseguiu obter boas notas numa prova e passou num concurso. Milhões de pessoas trabalham todos dias no campo, fábricas, construção civil... arriscam suas vidas, para pagar o seu salário. As pessoas que demandam seus serviços precisam dele, sobretudo as mais carentes e necessitadas. O mesmo vale se trabalhar em uma empresa, independente do salário ser ruim ou bom, lembre-se que a cada dia de trabalho representa toda uma categoria profissional. Quando as pessoas elogiarem ou criticarem o seu trabalho em alguma medida estão a fazer com todos os profissionais da área, com os muitos cientistas e pesquisadores que ao longo da história trabalharam arduamente para a construção da ciência e profissão, com os professores que participaram de sua formação... Ajude a criar uma imagem positiva da ciência e profissão onde quer que você esteja. Não estou dizendo aqui que precisa ser um super homem ou uma super mulher, mas também não precisa ser um sub-homem ou sub-mulher. Não fique reclamando, se queixando da sorte, da profissão, do país, das pessoas, dos seus professores, dos colegas, da faculdade, do curso. E sim trabalhe, estude, lute. eixe o se de lado. Se fosse assim, daquele, desse jeito. As coisas são difíceis pra todos. Para os médicos, engenheiros, empresários, vendedores, pedreiros, faxineiros, lutadores, professores e, acredite, até para os políticos. Veja o que pode

Algumas ideias sucintas para a Psicologia: enquanto ciência e profissão em construção

fazer para melhorar um pouco a ciência e profissão, bem como sua própria carreira e vida como um todo com o que tem de fato (e não com o que gostaria de ter) e não fique parado imaginando um mundo e cenário que não existem. Você, como ser humano, é criador e não apenas criatura. Acredita que foi fácil realizar todo este trabalho de análise, sistematização, síntese, propostas e medidas para a ciência e profissão? Simplesmente não foi. Então, se puder, com incentivos ou não, tente melhorá-lo. Ou outros aspectos da ciência e profissão. procure cuidar de sua própria saúde de modo integral também (algumas técnicas foram descritas aqui, pesquise mais), de sua aparência, expressão, capacidade de comunicação... Se trabalha como autônomo, sobretudo, adquira o hábito de poupar e evite trabalhar em situação de desespero. Às vezes pode não ter recursos para trabalhar exclusivamente na condição de autônomo, ainda que deseje. Sempre que puder adquira livros, veja vídeos na internet, interaja e troque ideias com outros profissionais, inclusive de outras áreas, divirta-se no trabalho e fora dele, perceba a dimensão social de sua profissão para além da dimensão econômica, pois as pessoas é a sua razão de existir enquanto profissional, mas não deixe de lado a dimensão econômica pois, gostemos ou não, esta é importante sim, são os fatos, bem como outras dicas. Simples assim.

Algumas ideias sucintas para a Psicologia: enquanto ciência e profissão em construção

A Psicologia e o método científico

Parece existir alguns conflitos entre a produção de conhecimentos na psicologia e o método científico clássico que se baseia na prova, reprodução, experimentação, análise e observação, produção de evidências em geral... Acontece que o problema não está no método científico e suas exigências para a construção de saberes dignos de crédito ou válidos. A metodologia com suas exigências está correta, isto para a classificação de um determinado saber como científico. Para isso existem muitas ferramentas como imagens, vídeos, a matemática, softwares, toda a estrutura de um laboratório moderno. O que fundamentalmente o método cientifico (observação, experimentação, reprodução, busca de padrões, análise, prova e validação por vias como uso da matemática, adequação as leis e conceitos básico de outras ciências já provadas e testadas, uso da lógica e outras ferramentas) exige é transparência e honestidade, apenas isso. Pois para se acreditar (dar crédito) em algo é necessário que se prove a existência de um determinado mecanismo, sistema, fenômeno... Que exista lógica, coerência, respeito as leis já provadas de outras disciplinas, etc. O que tem de errado nisso? É errado ser honesto e transparente? É errado querer ter o máximo de certeza e precisão sobre o funcionamento das coisas? Isto é errado? Dentro da ciência as coisas precisam funcionar assim, o saber precisa ser o mais confiável possível. Existem teorias, ideias, percepções, saberes... que ainda não foram provada(o)s apesar de serem consistentes e lógicas, estas podem existir e coexistir com outros saberes com melhor consistência cientifica (por terem sido produzidos fazendo-se uso do método cientifico) contanto que sejam classificados e apresentado como tal. Existem outras disciplinas que comportam outras categorias e qualidades de saberes que também são importantes, como teologia, teosofia, filosofia, arte e literatura, história (esta mais cientifica). Mas não é o caso da psicologia enquanto ciência e profissão. Existe o lugar certo para cada tipo ou categoria de saber, sendo a psicologia uma disciplina que trabalha com ciência e, deste modo, precisa respeitar o método (e lógica) cientifico. Os verdadeiros precursores das diversas correntes da psicologia, menos ou

Algumas ideias sucintas para a Psicologia: enquanto ciência e profissão em construção

mais, em suas respectivas áreas, observavam isso com certo cuidado como Wundt (conteúdos da mente), Freud, Jungs (psicanalise), Pavlov, Skinner (comportamental), Albert Bandura (aprendizagem social), Rogers (abordagem centrada na pessoa), Howard Gardner, Goleman (inteligências), Helena Antipoff, Piajet (educação), os neurocientistas (cérebro), psiquiatras diversos no campo das patologias e estruturas mentais como Pinel, Esquirol, Falret (não conheço em detalhes\profundidade o trabalho de todos estes, mas na faculdade em psicopatologia estudamos um pouco de suas contribuições e métodos). O mesmo vale para os outros precursores em geral da psicologia, além dos não citados. Por essa razão existe as grades de filosofia, teologia, arte e literatura. Mas na composição da sua literatura esta deve apenas comportar conhecimentos básicos (cérebros, emoções, comportamento...), não necessariamente técnicas e abordagens construídos fazendo-se uso do método cientifico. Por mais difícil que este possa ser. Também o é para a Química, Física, Biologia, Medicina... A grade do curso pode (e deve) sim conter disciplinas adjacentes como Filosofia,

Diego Brito

Teologia, História, Arte e Literatura, Pedagogia... mas cada uma no seu espaço. As pessoas que procuram um profissional da psicologia o fazem porque têm uma demanda ou problema e precisam que esta seja concretamente atendida ou resolvida por um psicólogo (não por um político, médico, nutricionista ou outro). Para isso os conhecimentos construídos via o método cientifico são os mais indicados por serem mais confiáveis e precisos. Se a demanda é espiritual deve ser encaminhada para um profissional da área como um padre, pastor ou sacerdote. Dentro da psicologia os problemas e demandas precisam ser abordados e atendidos com objetividade e humanidade. Não se trata de descartar a dimensão espiritual das pessoas, muito pelo contrário, mas cada um tem um papel específico a cumprir no processo. Este pode tratar da demanda espiritual do paciente, por exemplo, se tiver também uma formação ou qualificação para isso, por exemplo via abordagem humanista existencial. De qualquer modo, entendo, não é a tarefa do psicólogo tratar e desenvolver a dimensão espiritual no\do paciente e sim do padre, pastor, teólogo, filósofo. Mas se o for, mesmo esta

153

Algumas ideias sucintas para a Psicologia: enquanto ciência e profissão em construção

demanda, precisa ser tratada com objetividade e não via pensamento mágico e sistemas de crenças, ao menos não no contexto da psicologia. Quando os serviços de um psicólogo é solicitado espera-se fazer uso dos serviços de um profissional da ciência que faz uso do método cientifico e não da filosofia, teologia, história ou de qualquer outro método de produzir saber. Isto é ser transparente e honesto, apenas isso. Muitas pessoas ainda enxergam a psicologia erroneamente como uma pseudociência. Esta não pode oferecer mais subsídios para a confecção desta percepção.   Ao invés de se gastar tempo e energia tentando invalidar o método científico, deve-se produzir meios de se levar a aplicação do método científico em relação àquilo que se deseja inteligir. Pois o que garante a qualidade do composto de saberes produzidos é justamente o método com que este foi produzido. Ou seja, o processo e não apenas os resultados. Para se chegar a um determinado resultado qual foi o processo utilizado? Quais as relações de uma coisa com a outra? Neste caso o conhecimento do processo é tão importante quanto o do produto. Não se deve confundir o trabalho com rigor científico e diligência, com base em dados e lógica, com desumanidade. Pode-se tratar de questões técnicas, sendo isso que espera o paciente de um profissional da ciência e, ao mesmo tempo, dispender um tratamento humanizado. Uma coisa não invalida outra, pode-se adotar uma abordagem centrada na pessoa e, ao mesmo tempo, ajudar o paciente portador de uma patologia mental analisando sua doença com bases nos melhores saberes da psicopatologia moderna. Do contrário os médicos não poderiam conceder um tratamento humanizado aos seus pacientes por tratarem de questões mais específicas da fisiologia humana? Não faria sentido. O que na verdade se demanda consiste no conhecimento certo, no saber com maior precisão possível para que se possa intervir (no caso da aplicação), se necessário, num determinado sistema (cérebro, mente, emoções, relações, corpo humano, a vida de uma pessoa no geral...) de modo assertivo e ajudar a consertá-lo ou ajustá-lo se necessário. Obviamente em parceria com outros profissionais se o caso. Para este caso em específico conhecimentos produzidos com bases em evidências são os mais indicados. Quem deseja efetuar uma cirurgia com um

Algumas ideias sucintas para a Psicologia: enquanto ciência e profissão em construção

neurocientista que desconhece as estruturas cerebrais em detalhes? Porque então seria diferente com um psicólogo? Simples assim.

Observação: o importante para os novos estudantes e pesquisadores é não se deixarem intimidar e\ou inibir pela influência de profissionais mais antigos que já construíram e consolidaram suas carreiras com base na organização das coisas como estão e o modo como as teorias estão estruturadas. É comum defenderem a permanência das coisas como estão não porque consideram que o modo como as coisas funcionam já é o melhor possível (e para estes de fato o é), mas porque as mudanças, questionamentos, maneiras novas e diferentes de se perceber e fazer as coisas... sempre demanda destes muito esforço, trabalho, energia, saírem da zona de conforto... geralmente já possuem uma rotina, visão das coisas, segurança, saberes... bem consolidados e pouca disposição para mudar. Alguns construíram e consolidaram suas carreiras (como acontece em outras áreas da ciência, comércio, indústria, serviços, sistemas sociais e políticos...), passando um processo e rotina difíceis, com base nessas teorias, conceitos e técnicas. No geral alguns destes têm muito pouca disposição para mudar, aprender coisas novas, não lhes é conveniente mudar, não lhes interessa melhorar, corrigir ou consertar nada e sim manter as coisas funcionando como estão, reproduzir as mesmas coisas, aprendizados, processos.... por diversos fatores como por ser difícil fazê-lo, sobretudo quando mais idoso, trazer inconvenientes, outros. Isto vale para muitos ambientes e aspectos da vida e sociedade diferentes não apenas no campo das ciências. Sejamos sinceros se as coisas estão funcionando bem para você (depois de passar por muitas dificuldades) porque mudaria? Se esta fosse a lógica das coisas a indústria do tabaco fecharia suas portas para promover o bem social, os traficantes deixariam de vender drogas, não se fariam mais guerras, os executivos deixariam seus escritórios e trabalhariam nas minas de carvão, os políticos deixariam de mentir, deixaríamos de ingerir proteína animal e os libertar da dominação, exploração e escravidão humana, não iriamos escravizar e matar outros seres humanos, os ricos dividiriam seu dinheiro... a lógica das

Algumas ideias sucintas para a Psicologia: enquanto ciência e profissão em construção

coisas não é esta e no mundo da ciência não é diferente. Cada qual tende a defender o seu ponto de vista a partir da perspectiva de onde atua. Também não caia na tentação de criticar e descartar tudo que existe ou de querer mudar tudo, pois muito do que já existe é bom e funciona bem. Pequenas, específicas e sucessivas mudanças e\ou alterações parece ser a melhor e mais assertiva abordagem.

Diego Brito

A Psicologia, ideologias e politica

Entendo que a psicologia enquanto ciência e profissão, tal como a medicina, enfermagem, nutrição e qualquer outra ciência não deve ter uma ideologia, uma posição acerca de um sistema político, social, econômico... Quem pode e deve o ter é o psicólogo via sua formação multi e interdisciplinar e não a psicologia. Esta vai estudar determinados objetos (mente, cérebro, emoções, comportamento...) e produzir um composto de bons saberes acerca deste, bem como técnicas que possibilite efetuar intervenções sobre estes (psicanálise, psicoterapia, hipinose, testes...). Quem pode ter uma posição política é o psicólogo e não a psicologia, pois os resultados de suas produções de conhecimentos precisam ser neutras. O modo e onde as pessoas e organizações irão usar estes saberes como no marketing, guerras, campanhas políticas, comércio, saúde e outros espaços, trata-se de uma outra discussão e de outras disciplinas como política, economia, sociologia, etc. A

Algumas ideias sucintas para a Psicologia: enquanto ciência e profissão em construção

formação do psicólogo pode e deve ser multi e inter disciplinar para que utilize bem os saberes e ferramentas da psicologia, mas a ciência em si não tem uma posição política, quem pode ter é o psicólogo. O mesmo ocorre com a física, química, medicina... O átomo não deixa de possuir determinadas características porque o químico é socialista, capitalista, conservador, liberal. E nem a terra deixa de girar em torno do sol porque o físico é de direita ou esquerda, pro ou contra as minorias. O contexto dessas discussões é outro não no da produção de conhecimento cientifico de qualidade. A sala de aula não é igreja, partido político, ONG, consultório... Pode (e no geral já se faz) parte da grade curricular disciplinas como teologia I e II, política I e II, sociologia I e II, filosofia I e II. Mas as disciplinas de psicologia devem tratar exclusivamente de temas relacionados à psicologia como comportamento, psicanálise, mente, cérebro, etc. As questões políticas ocorrem num momento posterior quando se trata do uso adequado destes saberes, no momento de sua aplicação. São coisas óbvias. A política é uma disciplina e a psicologia é outra, mas nada impede que o psicólogo entenda de politica, que no curso de psicologia se estude sobre política, ideologias, etc. Mas a política não é a função das pesquisas em psicologia (porque já existe uma disciplina específica que trata disso), ainda que se possa analisar os fenômenos psicológicos no contexto político, bem como aplicar seus saberes neste contexto. Mas a disciplina é outra e os objetos de estudo também o são. A ciência em si não é favor disso ou daquilo, ela simplesmente estuda algo e apresenta seu funcionamento. Já o cientista é que pode e deve ser a favor disso ou daquilo, não a ciência. Não existe física, nutrição, medicina ou qualquer outra disciplina socialista, capitalista, liberal... e sim físicos que o são de posição a, b ou c. O que existem são regimes políticos, econômicos e sociais que usam para fins benefícios ou nefastos os conhecimentos produzidos pelas ciências, por exemplo o Nazismo. O modo de se prevenir isso consiste em se educar adequadamente a sociedade em todos os aspectos como em ciências, moralidade, empatia, politica, religião... A psicologia por sua vez pode ajudar neste processo de diferentes modos como produzindo conhecimentos e testes acerca de personalidades patológicas como dos psicopatas,

Algumas ideias sucintas para a Psicologia: enquanto ciência e profissão em construção

megalomaníacos, ajudar no desenvolvimento da empatia e altruísmo da sociedade, tratamentos e atendimento diversos e voltados para públicos específicos como soldados, prostitutas, minorias diversas, pessoas carentes, vítimas de abuso, drogadição, depressão, prevenção de suicídio, portadores de doenças terminais, libertação de seitas e grupos disfuncionais, libertação de ideologias diversas... Quanto mais se aperfeiçoa como ciência e profissão mais se habilita a atender com assertividade estas demandas. Neste sentido vale aqui citar o brilhante trabalho Mentes Perigosas (que ainda não pude ler, mas vi os vídeos dela sobre e elogios de outros profissionais no Youtube) da psiquiatra brasileira Ana Beatriz que aborda os perigos que mentes enfermas como a dos psicopatas representam para toda a sociedade. São trabalhos assim (como Inteligência Emocional, Social e Foco do cientista americano Daniel Goleman, Inteligências Múltiplas de Gardner) que irão pouco a pouco engrandecer cada vez mais a psicologia como ciência e profissão e capacitá-la a atuar de modo assertivo em cada vez mais contextos e situações. Sinceramente, na opinião pessoal do autor, este hoje acredita que as ideologias, de modo geral, trazem e geram muito mais confusão e problemas do que os benefícios que prometem trazer. Abordar os problemas objetivos, sempre que possível subdividindo-os em partes menores e os categorizando adequadamente, de modo objetivo e prático (sejam eles quais forem) parece sempre ser o melhor caminho. Os subterfúgios que as ideologias trazem, na prática, geram muito mais confusões do que soluções reais sendo que a história já provou isso. Já temos problemas demais, o que precisamos mesmo é de soluções concretas não de ideologias. O cientista pode acreditar nisso ou naquilo, mas no momento da produção científica precisa ser cético. Deve se orientar apenas pelo que os dados dizem, apontam. Quem demanda os serviços de um profissional não está atrás de ideologia A ou B, crença C ou D e sim de soluções concretas e objetivas para seus problemas complexos e reais. Simples assim.

Algumas ideias sucintas para a Psicologia: enquanto ciência e profissão em construção

A Psicologia e suas relações com outras disciplinas

O autor entende que a psicologia deve trabalhar em parceria ou de maneira inter e multi com outras disciplinas, mas precisa tomar cuidado para não se misturar e não perder de vista o foco de seu(s) objeto(s) de pesquisa (não necessariamente de estudo). No caso (o autor entende) a mente, o comportamento e a subjetividade. Não o cérebro porque a neurociência já executa bem esta tarefa e a psicologia pode incorporar este saber em sua grande sem necessariamente precisar investir em pesquisa. Deste modo pode entregar um bom conhecimento inclusive para outras disciplinas que deseje (e até deva) incorporar a psicologia em sua grade como a medicina. O estudo da alma, por exemplo, não é objeto da psicologia e sim da teologia. O mesmo vale com os alimentos, fisiologia, politica, etc. A fusão de disciplinas distintas é muito bem-vinda porque no mundo real, por exemplo a mente, não está separada do cérebro e restante do corpo, e nem mesmo a alma se esta existir de fato (o autor acredita que sim). Mas são operações e\ou correlações que precisão ser realizadas com extremo cuidado para não invalidar e desqualificar nem uma nem outra disciplina. Por exemplo, psiconutrição, psicossocial, psicopolítica, psicofilosofia, psicomedicina, psicoedfísica, psicofisiologia, psicopedagogia... Sabemos que todas essas relações existem de fato e isto é evidente visto que o corpo humano no mundo real é o mesmo, sujeito às mesmas leis, mas a união de contextos distintos sobretudo quando realizado por um único profissional, por mais habilidoso que seja nem sempre pode ser bem-sucedida dado a grande complexidade que cada uma dessas apresentam. Este trabalho por exemplo tenta trazer uma visão mais integrativa das coisas, sobretudo intra psicologia ainda que mais superficial. Mas na prática não se trata de operações nada simples e que o mais indicado talvez seja a realização deste trabalho (o refinamento e melhoramento deste material por exemplo) realizado por uma equipe de profissionais, cada qual com amplos conhecimentos de suas respectivas áreas. O trabalho artesanal e superficial realizado aqui deve servir apenas como um ponto de partida para o aperfeiçoamento posterior por mais pessoas com maior qualificação e em cada disciplina. Deste modo a qualidade é potencializada e consegue-se mais crédito na comunidade científica e sociedade em geral. Não é o objetivo desencorajar a ninguém que deseje integrar disciplinas distintas, muito pelo contrário, apenas ressaltar as complexidades que este processo demanda. Inclusive ao se trabalhar na integração da própria disciplina internamente como no caso da psicologia, por exemplo. Este trabalho, ainda que mais superficial realizado aqui, por exemplo, foi muito difícil de se confeccionar. Sobretudo porque, em geral, as pessoas precisam fazer outras coisas (o caso do autor) e não podem se dedicar exclusivamente ao estudo e pesquisa. Além de outras distrações da vida. Os físicos até hoje tentam integrar e harmonizar a ciência com suas próprias leis e não conseguiram ainda, por exemplo. O que estou dizendo é que os laboratórios com os respectivos pesquisadores profissionais da psicologia devem focar antes em fazer bem seu dever de casa. Se desejarem trabalhar na integração de disciplinas abrir laboratórios com este foco e com profissionais especializados em ambas ou mais áreas (psiconutrição, psicomedicina, psicopedagogia...) ao invés de assumirem esta tarefa sozinhos. Mais uma vez vale repetir que não é o objetivo desencorajar aqueles profissionais individuais que desejam realizar esta bonita e necessária tarefa de integração de disciplinas distintas e complementares (mesmo porque e, em alguma medida, isto é tentado aqui) apenas adverti-los que ao assumirem tal tarefa estarão a lidar com desafios bem grandes, mesmo porque às vezes nem a própria disciplina conseguiu ainda encontrar uma abordagem integrativa intra si. Este desafio tende a crescer ainda mais quando precisará provar (não apenas mostrar) a existência dessas interconexões. Quando neste processo, por exemplo, precisar discutir e argumentar com profissionais especializados de diferentes áreas que tendem a cobrar por parte dos palestrantes um certo domínio de uma determinada área do saber tal como ele um especialista. Ou seja, quando se leva tais discussões para o domínio público precisará lidar com um série de interpolações ou questionamentos que, por mais dedicado que seja aos estudos de áreas distintas, dificilmente conseguirá argumentar que tem razão (e domínio de saberes tão distintos) acerca de tantos aspectos de áreas

Algumas ideias sucintas para a Psicologia: enquanto ciência e profissão em construção

diferentes. Lembre-se que pode está diante de grandes especialistas de áreas distintas que nem sempre são bonzinhos e\ou complacentes para com aqueles que tenta integrar saberes, sobretudo quando incorrer em erros técnicos ao argumentar sobre a área de atuação destes com olhar clínico e apurado sobre sua disciplina. Alguns tenderam a focar mais nos erros que pode e tende a cometer do que na ideia geral daquilo que irá apresentar. Diante da plateia (caso não tenha um bom domínio, diria profundo, de várias disciplinas) precisará guardar a viola e voltar para casa humilhado e ressentido, ainda que tenha razão. Pode (e na prática vai) se deparar com tantas questões técnicas distintas e específicas cuidadosamente pensadas e colocadas por diferentes especialistas ávidos para o descredibilizar (e a seu trabalho) e\ou o colocar a prova que pode não querer mais se aventurar por este caminho. Pode inclusive colocar em risco sua imagem pública e credibilidade enquanto profissional. Talvez num primeiro e mais obscuro palco isto não lhe ocorra, mas à medida que o público se torna mais sofisticado e profissional certamente isto vai acontecer. Não se iluda com o contrário.

Por mais generosa que suas intenções possam ser as pessoas (sobretudo profissionais altamente qualificados e especializados) não serão boazinhas com você e pode ter que voltar para a casa ressentido e humilhado. Alguns, inclusive, irão analisar com lupas o seu trabalho não para o exaltar, mas com o propósito bem definido de encontrar erros, brechas, falhas, inconsistências, incoerências... desconsiderando por completo a ideia ou quadro geral que deseja tratar. Ou seja, estes não querem se aventurar por áreas desconhecidas e mantêm-se na zona de conforto, mas farão um esforço hérculo para o descredibilizar de todos os modos possíveis. Para provar não que você está certo, mas do contrário, que está errado. O que no fim acaba sendo bom porque lhe obriga a aperfeiçoar seu trabalho e saberes. Não que sejam maus, pois no fundo estão apenas fazendo o trabalho deles, cumprindo com seus papéis de bons especialistas. Como também acontece com os gramáticos. No caso específico da produção profissional de conhecimento no escopo da psicologia não recomendo incorrer por este caminho e se perder foco. Se deseja a integração de saberes busque ajuda de outros

Algumas ideias sucintas para a Psicologia: enquanto ciência e profissão em construção

profissionais e trabalho focado nisso para não perder o crédito diante de uma plateia mais ampla, crítica, profissional e sofisticada, se não de toda à sociedade. Por outro lado se você (profissional solitário) se sente confiante e capaz de executar um trabalho tão delicado e complexo assim apesar dos desafios, então ótimo. A ciência e a sociedade agradecem.

Diego Brito

As relações problema\solução e causas\consequências na psicologia

N ão seria possível falar de uma disciplina científica sem abordar as relações que envolve a compreensão dos conceitos problema e solução, bem como causas e consequências. Uma pessoa quando demanda os serviços de algum profissional de qualquer área, no geral, têm alguma demanda que precisa ser atendida. Vale para o mecânico, pedreiro, encanador, médico, consultor... com o psicólogo não é diferente. Esta demanda, geralmente, pode ser caracterizada como um problema, pode ser nos relacionamentos, estado de tristeza, uma patologia mais grave e evidente, drogadição, doença física... porque se esta pessoa pudesse resolver suas questões por si mesma esta não procuraria a ajuda de um profissional. Ou seja, não buscaria ajuda e o resolveria sozinho. Podendo sua demanda ser caracterizada como um ou mais problemas, o atendimento de sua demanda, portanto, só pode acontecer via a solução de um ou mais problemas. Para

Algumas ideias sucintas para a Psicologia: enquanto ciência e profissão em construção

que a solução de qualquer problema possa ocorrer é preciso trabalhar antes no *domínio do problema*. No sentido mais estrito do termo. Ou seja, compreender bem o problema ou dominar o entendimento das características ou propriedades do problema para só depois se trabalhar no *domínio da solução*. Quanto mais aspectos ou ângulos de um problema puderem ser compreendidos melhor. No escopo da saúde, por exemplo, o processo de perda de saúde pode ter diferentes ou múltiplas causas, podendo ser o emocional ou psicológico apenas um sintoma ou uma consequência de um conjunto de causas ainda não percebidas ou descobertas, mas existentes. Ou seja, não é que as causas não existem elas simplesmente podem não ter sido percebidas e compreendidas em sua integralidade. Percebe-se com mais facilidade as consequências, mas não as causas. Ou seja, aquilo que gerou ou está gerando o problema. Fixar-se no domínio do problema é uma condição necessária para se regressar as causas do problema. Para se compreender bem as causas é preciso antes compreender bem o ou os problemas manifestos e, deste modo, efetuar a partir dos problemas um processo de regressão as causas. Se mais de um problema este precisa ser decomposto em variados e diferentes subproblemas. O mesmo pode acontecer com as causas que podem e precisam ser decompostas em sub-causas. Focar na resolução de cada problema por vez regressando a causa (ou as causas) referente a este e a combatendo-a(s). Deve-se decompor um problema maior com causas menos nítidas, por exemplo a intenção suicida, em subproblemas menores com suas respectivas causas que podem estar gerando esta postura. Por exemplo, problemas de saúde diversos, econômico, obesidade, baixa estima, relacionamentos disfuncionais... Focar em cada um e continuar o processo de subdivisão. Por exemplo, problemas de saúde diversos: pressão alta, diabetes, insônia, gordura no fígado, depressão... Neste caso encaminhar as demandas corretamente para outros profissionais (nutricionistas, médicos, consultores, coach...) se necessário e focar na sua, por exemplo a depressão. Porque isso? Porque quem ou o que tende a se manifestar com mais clareza na superfície são os problemas e não as causas geradoras dos problemas. Estas tendem a ficar camufladas, escondidas... precisando portanto serem descobertas. Um

Algumas ideias sucintas para a Psicologia: enquanto ciência e profissão em construção

problema pode gerar outros problemas e estes outros... o que torna difícil chegar nas verdadeiras causas dos problemas por estarem camufladas, inclusive por outros problemas e outras causas. Porque isso ocorre? Porque estamos a tratar de sistemas complexos e sensíveis onde as partes desses sistemas e subsistemas interagem entre si numa relação de interdependência mútua funcional e estrutural, podendo estes serem facilmente perturbados e\ou danificados perdendo assim o equilíbrio natural (ou sua homeostase no jargão médico) necessário para o bom funcionamento integral desses sistemas. No caso do aparelho psíquico ou mental, por exemplo, um simples acontecimento como a perda de um relacionamento ou uma fala ou gesto interpretado como ofensa por uma pessoa pode perturbar o bom funcionamento deste sistema desencadeando uma patologia. A própria natureza sensível e complexa desses sistemas é que de fato deixa os indivíduos suscetíveis a essas ocorrências a depender da singularidade e história de vida de cada um. Um método para se fazer isso consiste em se efetuar uma caminho inverso ou de regressão que parte dos problemas para as causas. Porque dos problemas para as causas? Porque quem se manifesta na superfície, em geral, são os problemas e não as causas, pois estas tendem a serem, inicialmente, invisíveis ou não perceptíveis. A solução dos problemas não está no estanque das consequências, mas no combate as causas geradoras dos problemas. Para se dominar o problema é preciso que este seja objetivado, mesmo os problemas de cunho emocional. Ou seja, a subjetividade precisa ser abordada de maneira objetiva. Um estado de tristeza, por exemplo, pode ter como causas (não apenas uma) a inserção do indivíduo numa constelação de relações disfuncionais, dieta inadequada, problemas financeiros, baixa autoestima... Cabe ao psicólogo trabalhar no domínio do problema, delimitar seu escopo de atuação, encaminhar as demandas para os profissionais de outras áreas... Sempre tendo em mente que a perda de saúde, inclusive emocional, só pode ser combatida com a recuperação da saúde de modo integral como assinala o dr. Uronal Zacan. Sendo assim, mesmo não conhecendo todas as causas e ângulos dos problemas da perda de saúde, inclusive emocional e psíquica, ao se executar um trabalho que se coloca em prática os muitos recursos para a recuperação da saúde, por consequência, os problemas podem desaparecer mesmo que suas causas não tenham sido completamente compreendidas ou descobertas. Dentre os muitos recursos para a promoção da saúde destaca-se a dieta adequada como a cetogênica, mediterrânea, paleolítica, crudívora (adaptada a cada um) e frugívora ou alimentação crua no geral (esta dieta parece ser um grande recurso para a melhoria da saúde), dieta alcalina, uso do iodo\lugol, ingestão de alimentos e substâncias mais alcalinizantes e menos ácidas como água com limão e magnésio, suplementação como de minerais e vitaminas, exercícios físicos intervalados e de alta intensidade, musculação, práticas de esportes em geral, meditação, restrição calórica e\ou procurar comer menos calorias (gorduras, proteínas e carboidratos) e mais nutrientes (aminoácidos, vitaminas, minerais, fibras e outras moléculas), mente atenta, jejum (noturno, intermitente, 24, 48 horas... 7, 12, 24 dias ou mais), desintoxição das células do organismo de toxinas e metais pesados, exames periódicos preventivos, fortalecimento do sistema imunológico, combate a fungos, vírus e bactérias, cuidado e promoção da flora intestinal, contato com a natureza, sono adequado (dormir e acordar cedo), banho frio, tomar sol com regularidade (no intervá-lo de 9:00 as 16:00), ingerir água limpa na proporção correta, uso adequado do sal adequado como do Himalaia, promoção de boas condições de vida e trabalho como habitação adequada, higiene pessoal e do ambiente, cuidado com os dentes, segurança financeira, segurança no trabalho e econômica, outras. Na outra ponta é preciso evitar alimentos e hábitos que fazem mal e que adoecem o organismo como uso de álcool e drogas em geral, tabaco, sedentarismo, alimentos processados, açúcares e alimentos refinados, óleos e gorduras ruins, entre muitos outros. Mais no escopo da psicologia pode-se destacar o desenvolvimento da cultura da saúde, prática do pensamento positivo, desenvolvimento da autoconfiança, libertação de grupos e relacionamentos disfuncionais e tóxicos, inserção em grupos e relacionamentos funcionais, nutrição cerebral adequada (vitaminas do complexo B, ômega 3 e outros óleos, glicose e gorduras boas, alguns minerais como o fósforo, moléculas como colina, inositol e outras.), desenvolvimento de

Algumas ideias sucintas para a Psicologia: enquanto ciência e profissão em construção

fitogênese emocional e resiliência para com as dificuldades da vida, hábito de leitura, desenvolvimento das habilidades e inteligências do indivíduo, qualificação profissional, adquirir o hábito de economizar e poupar, aquisição de saberes, empoderamento, execução de atividades saudáveis e prazerosas como ouvir músicas, assistir filmes, viajar, jogos em geral (sem vícios) como xadrez, dama, alguns games, cartas, sinuca, pingue- pongue e esportes em geral, participar de festas, encontro com amigos, interação com outras pessoas, dialogar ou trocar ideias, mudanças de rotina, meditação e reflexão, busca de um sentido de vida, ressignificação da vida, engajar-se em alguma causa, outros. No geral ajudar a pessoa a se afastar de hábitos, posturas, cultura, atividades... que geram a perda de saúde e ajudá-la a se aproximar de hábitos, posturas, cultura, atividades... que promovem o ganho de saúde. Em suma, mesmo não se conhecendo com clareza todas as causas geradoras dos problemas de saúde deve-se trabalhar no processo de adoção dos recursos para a recuperação da saúde pois, deste modo, por consequência, muitas das causas geradoras da perda de saúde são combatidas. O psicólogo, por sua vez, precisa trabalhar com o propósito de ajudar o paciente a buscar soluções concretas e objetivas para seus problemas, mesmo os emocionais. Trabalhar para encontrar soluções objetivas mesmo para problemas subjetivos de maneira a ajudar a promover sua independência e autonomia, inclusive do próprio psicólogo (seja analista, psicoterapeuta, comportamental, humanista...). E, o único modo de ser fazer isso, entendo, consiste em se abordar os problemas subjetivos com objetividade. Uma vez que estes tendem a ter como causas situações e ocorrências objetivas que perturbam o bom funcionamento de sua organização psíquica ou mental. Seja na esfera do cérebro, mente, subjetividade ou em todos estes aspectos, inclusive no âmbito de outras pertubações físicas como no caso das doenças em geral que podem estar gerando problemas emocionais ou psíquicos, por exemplo no caso da contaminação com vermes, fungos e bactérias. Também no caminho contrário pertubações psíquicas ou emocionais atuando como gatilho na geração de doenças e danos físicos. Por exemplo, uma pessoa que não dorme direito e fica nervosa, irritada, indisposta, desmotivada, deprimida. Uma

Algumas ideias sucintas para a Psicologia: enquanto ciência e profissão em construção

pessoa deprimida que não se cuida bem e contrai doenças, uma pessoa desatenta que sofre um acidente, um usuário de drogas que deixa de usar preservativos no intercurso da relação sexual e contrai HIV, uma pessoa estressada que enfraquece seu sistema imunológico e fica doente e\ou consome grandes quantidades de vitaminas do complexo B afetando assim o bom funcionamento de seus processos mnemônicos, podendo deste modo esquecer de se alimentar bem e de usar seus remédios (naturais ou não) na hora e do modo certo tornando mais grave seus problemas ou doenças, enfermidades como pressão alta, como assinala o dr. Marco Menelau, parecem ter forte ligação com fatores emocionais devido as tensões psíquicas causadas por questões emocionais sedimentadas e mal resolvidas como pode constatar em sua prática clínica, uma pessoa com distúrbios emocionais que passa a comer muito e de modo errado tornando-se diabética, obesa e com baixa autoestima, ou que consome\gasta para além de suas possibilidades contraindo dívidas e comete suicídio em seguida, vermes e bactérias que desencadeiam problemas emocionais ou psicológicos, problemas emocionais

Diego Brito

que fazem com que as pessoas descuidem de sua higiene pessoal e alimentação enfraquecendo seu sistema imunológico e contraindo assim mais facilmente vermes e bactérias, distúrbios emocionais que podem levar as pessoas a usarem tabaco, álcool e drogas e, deste modo, danificarem o pulmão, fígado e o cérebro, etc. Em suma existe uma relação de múltiplas causas e problemas seja da via física ou fisiológica para a emocional, seja da via emocional ou mental para a via física ou fisiológica. Uma perspectiva que nunca deve deixar de ser considerada no processo de promoção e recuperação da saúde consiste no fato de que existem muitas coisas simples, rotineiras e cotidianas que são realmente muito boas tanto para a promoção da saúde mental quanto do organismo em geral, tais como caminhar, respirar adequadamente, conversar com as pessoas, sair com os amigos, ler e ouvir boas músicas, assistir bons filmes, praticar esporte e exercitar de modo geral, namorar, dançar, festas, comer pouco, jejuar, comer verdes e naturais, beber água, tomar sol, dormir bem, ingerir sal de qualidade, relaxar, meditar, evitar discussões nervosas e calouradas, brincar, andar descalço, tomar banho de mar,

Algumas ideias sucintas para a Psicologia: enquanto ciência e
profissão em construção

manter contato com a natureza e muitas outras. São atitudes muito simples e quase sem nenhum custo mas muito valiosas para a promoção e recuperação da saúde. Simples assim.

Nota: ainda que não citado nas referências bibliográficas para simplificar as coisas, muitos médicos e profissionais da saúde que mantêm ricas academias virtuais no Youtube contribuíram significativamente com suas aulas virtuais para o aprendizado do autor sobre saúde e bem-estar o que ajudou muito na composição deste material. Como os doutores Lair Ribeiro, Daian Siebra, Uronal Zacan, Juliano Pimentel, Marco Menelau, Drauzio Varella, Rey, Rondon, Ana Beatriz, Cássia Rodrigues e muitos outros excelentes profissionais que acompanho com certa frequência e de diversas áreas. Aproveito para fazer a recomendação destes para aqueles que desejam trabalhar na promoção de sua própria saúde e bem-estar, bem como melhor compreender sobre o tema.

Diego Brito

Concepção de homem na Psicologia

É comum ao longo do curso de psicologia a ocorrência de diversas discussões acerca da concepção de homem, se este é bom ou ruim, isto ou aquilo, capaz de efetuar atrocidades e\ou atos de benevolência, instável ou não, etc. Para o atendimento psicológico isto não conta muito, pois independe deste ser bom ou ruim precisa receber um tratamento humanizado e profissional. Já para a formação intelectual do psicólogo talvez seja importante. Logo para se compreender melhor o homem e sua natureza bem como suas facetas múltiplas deve-se recorrer a outras disciplinas como história, política, teologia, arte e literatura, antropologia, biologia, sociologia, economia, filosofia, direito... Porque o homem ou os seres humanos vivendo em sociedade pode ser melhor definido e\ou compreendido apenas pela intercessão dessas múltiplas disciplinas e\ou pontos de vista. Pois abarcam desde de sua dimensão animal e natural a aspectos sociais e psicológicos. Mas este trabalho ou tarefa cabe a cada profissional efetuar de modo individual e particular. Não consiste numa tarefa ou função da psicologia focar nestes aspectos ou objetos porque foge ao seu escopo. Pode no processo de formação do profissional indicar, introduzir, mostrar a importância dos estudos multi e interdisciplinares para se tornar um melhor profissional e cidadão, etc. Mas não é tarefa desta ciência focar nestes aspectos, pois seu foco é outro como já descrito. É obvio que quanto mais saberes o profissional acumular sobre diferentes aspectos melhor mas vai sempre se deparar com suas próprias limitações como ser humano e, portanto, precisa concentrar mais no exercício do seu papel operando bem com um determinado saber, por exemplo via psicanálise, comportamental, neuropsicologia... e passar quando necessário o bastão para outros como nutricionistas, psiquiatra, médicos, advogados, etc. Quanto mais saberes adjacentes melhor, mas sem perder o foco. Por isso essa discussão acerca da concepção de homem não faz tanto sentido, pois independe deste ser bom ou ruim, maléfico ou benéfico o tratamento que o paciente deve receber será o mesmo, profissional e humanizado. Em suma, muitos saberes que ajudaram os psicólogos a construírem uma visão ou imagem mais assertiva do homem e sociedade não serão produzidos na e pela psicologia e sim por outras áreas do conhecimento que, por ser um profissional inerentemente curioso, os irá buscar. Por exemplo, sua fisiologia, cultura e sociedade em que está inserido, história, questões políticas e institucionais, dieta e nutrição. Vale notar que existem pessoas que não gostam de gente, sejam ricas, pobres... simplesmente não gostam, por alguma razão sentem-se mal com o contato mais prolongado com outras pessoas, não sentem empatia. Neste caso esta não consiste numa boa profissão para essa categoria de pessoas. Quem não deseja conceder um tratamento humanizado aos outros deve buscar outra profissão que não as que têm como foco a área de saúde e bem-estar. Outra exigência desta profissão é gostar de ler e estudar pois do contrário como construir uma boa visão de homem e sociedade? Não tem como o fazer. Vale ressaltar que dificilmente nesta profissão se conseguirá acumular riquezas materiais, salvo em casos muito específicos como de alguma celebridade, publicação de muito sucesso. Se deseja ficar rico

Algumas ideias sucintas para a Psicologia: enquanto ciência e profissão em construção

esta simplesmente não é sua profissão, o foco desta é ajudar pessoas sem julgamentos se estas são boas ou ruins, generosas ou más. Simples assim.

Diego Brito

Conclusão

Através deste pequenino trabalho tento trazer, talvez, algumas ideias novas para a psicologia enquanto ciência e profissão. E, em alguns momentos, reafirmar ideias e projetos já a muito conhecidos e discutidos. Como sabemos o mundo se encontra em processo de constante e veloz transformação. Logo acompanhar e, até se colocar à frente das mudanças, parece cada vez mais necessário para todos nós, sobretudo pra uma ciência. Com este trabalho tentei abordar diferentes aspectos que envolvem a profissão do psicólogo, de questões científicas a institucionais. Tenho consciência que abordei uma quantidade e variedade de problemas muito grandes em pouco espaço. O que nos leva a concluir que, ainda que tais sugestões possam ser efetivas, precisarão ser melhores trabalhadas e transformadas em projetos mais consistentes no futuro. Não foi sem razão que utilizei a expressão ideias sucintas. Pois é justamente isso que este material visa trazer, um conjunto de ideias que tratam de diferentes ângulos da ciência e profissão. Em seu texto, Vocação para a ciência, o sociólogo Max Weber

Algumas ideias sucintas para a Psicologia: enquanto ciência e profissão em construção

diz que muitos bons cientistas não fazem sucesso por, às vezes, lhes faltarem um insigne necessário que lhes trazem uma boa ideia. Talvez neste material contenha alguma boa ideia para os futuros cientistas que desejam desenvolver o campo. Ou mesmo para os gestores de instituições como os conselhos. O único pedido que faço, para quem o analisar e se dispuser a formatar uma opinião, é que seja pontual. Talvez não concorde, até mesmo por uma razão pessoal, com um ou outro ponto, mas peço que seja específico em sua crítica. Análise cada ponto separadamente e formule uma opinião, favorável ou não, fundamentada por um porquê. Não descarte todo o material simplesmente por não concordar com uma questão específica. Também peço que seja generoso e pense na profissão como um todo. Tente se orientar pela pergunta sobre o que é o melhor a se fazer para a profissão em geral. Não intento, de modo algum, afirmar que o conjunto dessas sugestões constituem o único caminho para a ciência e profissão. Ou mesmo que este é o melhor caminho. O que desejo dizer é que este pode ser UM caminho. E que talvez nos leve ao aperfeiçoamento da ciência e profissão. Mas também, talvez não. Procurei ser o mais generoso possível quando sistematizava essas ideias quando executava. Tentei pensar no melhor para a psicologia de modo mais sistêmico e integrativo quando executava este trabalho mais complexo, também para ajudar os outros colegas a pensar a ciência e profissão numa perspectiva mais holística e integral, portanto menos específica e fragmentada. Mas considerando a realidade concreta e objetiva das coisas. Este trabalho não é de uma pesquisa científica, mas de sistematização de saberes e ideias. Também não fique preocupado demais com a formação do autor, se este tem um PhD em Harvard ou não. Preocupe-se antes se tem razão. Se o que diz tem consistência e aplicabilidade. Lastro no mundo real e prático. Se este trabalho pode ajudar ou não a melhorar a bonita e importante ciência e profissão que é a Psicologia. Pode também não concordar com o que foi apresentado aqui, e daí? Este trabalho visa apenas expressar a percepção do autor sobre a área. Se não concorda ou não goste desta, apenas ignore ou manifeste a sua própria percepção sobre as coisas. Você que é um profissional da área e que teve acesso a este material veja se é

possível melhorar mais as coisas a partir deste e\ou de outros.
Por exemplo, dando continuidade ao trabalho de Freud para a
construção de uma psicologia científica com base em
evidências, a começar pelo projeto. Aperfeiçoando este
trabalho. Ou desenvolvendo melhores abordagens sobre um
tema específico com base em evidências, coletar mais e
melhores dados verificáveis sobre um assunto ou outro, criar
ferramentas... Leve em conta que este não é um trabalho
especializado (elaborado por um especialista como um
neurocientista que se dedica exclusivamente ao assunto), e que
muitos conceitos e temas vastos, variados e complexos foram
manipulados aqui. Logo pode ser que na perspectiva de um
especialista que trabalha numa área específica alguma coisa
soe inadequada ou incorreta (não é da pretensão do autor ter
mais sapiência que alguém sobre algum tema específico).
Procure relevar isso e se a ater ao trabalho como um todo, ao
quadro geral do que se é proposto, essas correções podem ser
feitas depois em outros trabalhos mais amplos e realizados em
melhores condições e por mais pessoas. Esta é só uma
primeira versão e que, pode-se e deve-se construir a segunda,

terceira, quarta, quinta... depois, como acontece com um software que precisa sempre ser atualizado, corrigido, refinado... neste momento o sistema operacional Windows já encontra-se na versão 10, por exemplo. Toda vez que olho para o texto, estudo, pesquiso... vejo que algo pode ser feito, modificado, atualizado, melhorado... e será assim pra sempre. Porque é assim o processo de construção desta e de outras ciências e profissões. Coloca-se um tijolinho aqui e outro ali. Muda-se algumas coisas de lugares, adiciona certas coisas e descarta outras. Este é só mais um tijolinho, uma primeira pincelada no tema. Portanto tenha calma, tento trazer aqui apenas uma visão geral, mais sistêmica e superficial da ciência e profissão como um todo. Tem muito trabalho a ser feito ainda. O trabalho de Freud, por exemplo, precisa ser atualizado a luz de novos saberes como da neurociência, mas as ideias centrais permanecem as mesmas e corretas. Talvez isso seja válido até para a interpretação da Bíblia, O Capital de Marx, A Riqueza das Nações de Smith, etc. A intenção aqui é apenas lançar mais luzes acerca dos problemas da ciência e profissão no geral. Não somos concorrentes ou inimigos,

Algumas ideias sucintas para a Psicologia: enquanto ciência e profissão em construção

somos amigos trabalhando pelo mesmo objetivo, o de melhorar a ciência e profissão como um todo. Pense principalmente nas pessoas que usam os serviços prestados pela psicologia e no bem estar dos profissionais que nesta área atua. Também não enxergue este trabalho como a solução de todos os problemas da ciência e profissão. Veja-o como apenas uma, das muitas, contribuições e passos futuros para o aperfeiçoamento da ciência e profissão. Processo este que você, profissional da área; inclusive, pode participar de diferentes modos. Apesar de conter críticas, não é objetivo fazê-lo enxergar de modo negativo os muitos e bons saberes e técnicas produzidos pela ciência (muitos que desconheço inclusive). Não se trata, principalmente, de produzir mais saberes e sim de descartar alguns saberes que não se encaixam na proposta cientifica da psicologia. A verdade é que muito do que já se faz (conselhos, universidades, atendimentos clínicos, literatura científica...) é muito bom, é preciso reconhecer isso também. Não é descartar tudo que existe. O propósito aqui é o de tentar ajudar a selecionar e organizar melhor as coisas procurando simplificar. Mas para isso é preciso que sejamos sinceros, não podemos cair na tentação de enganarmos a nós mesmos. No que compete a construção do texto o foco não é ficar dentro das regras da ABNT, das normas cultas e eruditas da linguagem, dos melhores parâmetros para a expressão de um trabalho científico (obviamente sem incorrer em plágios), etc. Talvez encontre erros ortográficos, uso inadequado da linguagem, das normas... não se prenda nisso, foque nas propostas. O desejo é o de apenas expressar e apontar caminhos para a ciência e profissão, só este. Pois é apenas caminhando que poderemos de fato afirmar se nossas escolhas foram ou não adequadas naquele determinado momento. De uma coisa temos certeza, não podemos ficar parados. E se um percurso não se mostrar adequado, então devemos buscar outros. É o que a humanidade vem fazendo desde os seus primórdios. Foi esta postura curiosa e exploratória que, bem ou mal, nos permitiu chegar até aqui. E, certamente, iremos mais longe.

Realmente para mim, ainda que não muito grande, este não foi um trabalho fácil de ser realizado. Dadas as proporções, certamente a de nenhum outro teórico da Psicologia também o

Algumas ideias sucintas para a Psicologia: enquanto ciência e profissão em construção

foi. Sem dúvida é entusiasmante saber que cientistas e pensadores tão brilhantes, desde de os filósofos gregos, vêm duramente trabalhando com as questões de que tratam a Psicologia. Tentei dar apenas mais um passo, somando-se aos muitos que já foram dados. Mesmo sabendo que talvez, quando falamos de ciência, estejamos frente ao infinito.

No entanto, sempre tive um incentivo adicional, a consciência de que a composição humana dos envolvidos com a psicologia é fenomenal. A começar pela altíssima qualidade dos professores com quem tive contato, com raras exceções, que são dedicados e realmente preocupados com o bem-estar de seus alunos. Dos profissionais que atuam na área que tive a oportunidade de conhecer que, não raramente, dedicam suas vidas a ajudar o próximo. Transcendendo a percepção da visão do sujeito como um mero cliente. A existência de alunos brilhantes e dedicados que (muitos mesmo trabalhando e estudando), se esforçam para absorver o máximo de conteúdo possível e cumprir com suas tarefas. É este material humano incrível existente na área que me faz acreditar num futuro cada vez mais próspero e exitoso para a Psicologia enquanto ciência e profissão. Foi o que me motivou a realizar este trabalho.

Algumas ideias sucintas para a Psicologia: enquanto ciência e
profissão em construção

Referências bibliográficas

ALVES-MAZZOTTI, A.J. O método nas ciências sociais. In: O
método nas ciências naturais e sociais: pesquisa quantitativa e
qualitativa. 2.ed. São Paulo: Pioneira, 1999.

ANDRADE, V.M., SANTOS, F.H., BUENO, O.F.A. (2004).
Neuropsicologia Hoje. São Paulo: Artes Médicas

BAUDRILLARD, J. A sociedade do consumo. Rio de Janeiro: Elfos;
Lisboa: Edições 70, 1995.

BAUMAN, Z. Modernidade líquida. Rio de Janeiro: Zahar, 2001.

BAUM, W. Compreender o Behaviorismo: Ciência, Comportamento
e Cultura. Porto Alegre: Ed. Artes Médicas Sul, 1999

BARRY & RICK. A estratégia de Barack Obama. Rio de Janeiro:
Elsevier, 2009.

BARRETO, R.G. Tecnologias nas salas de aula. In: LEITE, M.;
FILÉ, W. (Org.). Subjetividades, tecnologias e escolas. Rio de
Janeiro: DP&A, 2002.

Diego Brito

BARRETO, R.G. Tecnologia e educação: trabalho e formação docente. Educação & Sociedade, Campinas, v. 25, n. 89, p. 1181-12001, 2004.

CÉSAR, Willian. Nas trilhas do trabalho comunitário e social: teoria, método e prática. Petrópolis: Vozes, 2001.

COVEY, Stephen. Os sete hábitos das pessoas altamente eficazes. Rio de Janeiro: Best Seller, 2009.

DESCARTES, R. (1979). Meditações metafísicas (J. Guinsburg & B. Prado Jr.,Trads.). Em V. Civita (Org.), Coleção os pensadores – São Paulo: Abril Cultural. (Original publicado em 1641)

DE MASI, Domenico. O Ócio Criativo. Rio de Janeiro: Sextante, 2000.

DE MASI, Domenico. A Emoção e a Regra. Rio de Janeiro: José Olympio, 1997.

DE MASI, Domenico. O Futuro do Trabalho. Rio de Janeiro: José Olympio, 2003.

DE MASI, Domenico. Criatividade e Grupos Criativos. Rio de Janeiro: Sextante, 2003.

Algumas ideias sucintas para a Psicologia: enquanto ciência e profissão em construção

FREIRE, P. Ação cultural para a liberdade. 4.ed. Rio de Janeiro: Paz e Terra, 1979.

FREIRE, P., FAUNDEZ, A. Por uma pedagogia da pergunta. 4.ed. Rio de Janeiro: Paz e Terra, 1998.

FREIRE, P. Pedagogia do oprimido. 9. ed. Rio de Janeiro: Paz & Terra,1981.

FREIRE, P. Pedagogia da esperança: um reencontro com a pedagogia do oprimido. Rio de Janeiro: Paz & Terra, 1992.

FREIRE, P. Pedagogia da autonomia: saberes necessários à prática educativa. Rio de Janeiro: Paz & Terra, 1996.

FREUD, Sigmund. O mal estar da civilização. Lisboa: Relógio D'agua, 2008.

FREUD, Sigmund (1915). O Inconsciente. Edição Standard Brasileira das Obras Psicológicas Completas. Vol. XIV. Rio de Janeiro: Imago, 1996.

FREUD, Sigmund (1916). Instinto e suas Vicissitudes. Edição Standard Brasileira das Obras Psicológicas Completas. Vol. XIV. Rio de Janeiro: Imago, 1996.

Diego Brito

FREUD, Sigmund (1895). Projeto para uma Psicologia Científico: In Edição Standard Brasileira das Obras Psicológicas Completas, Vol. I, Imago Editora, Rio de Janeiro, 1996.

FOCAULT, Michael . Vigiar e Punir. 36. ed. Petrópolis: Vozes, 2007.

FOCAULT, Michael . Microfísica do poder. 25. ed. São Paulo: Paz e Terra, 2012.

FOCAULT, Michael . As Palavras e as Coisas. 8. ed. São Paulo: Martins Fontes, 1999.

GARDNER, H. Estruturas da mente: a teoria das inteligências múltiplas. Porto Alegre: Artes Médicas Sul, 1994.

GARDNER, H. Inteligências múltiplas: a teoria na prática. Porto Alegre: Artes Médicas Sul, 1995.

GOLEMAN, Daniel. Inteligência emocional. Rio de Janeiro: Objetiva, 1996.

GOLEMAN, Daniel. Foco. Rio de Janeiro: Objetiva, .

HOBSBAWM, Eric – Era dos Extremos: O breve século XX – 1914-1991. São Paulo: Schwarcz, 2002.

Algumas ideias sucintas para a Psicologia: enquanto ciência e profissão em construção

JEREMY & TONY. Competindo na terceira onda: os 10 mandamentos da era da informação. Rio de Janeiro: Campus, 2000.

KUMAR, K. Da sociedade industrial à pós-moderna: novas teorias sobre o mundo contemporâneo. Rio de Janeiro: Zahar, 1997.

LÉVY, P. As tecnologias da inteligência: o futuro do pensamento na era da informática. Rio de Janeiro: Editora 34, 1993.

LÉVY, P. Cibercultura. São Paulo: Loyola, 1999.

LOURDES, Maria. O que é cidadania. 3,ed. São Paulo: Brasiliense, 1995.

LUCIA, Maria. Psicopedagogia clínica: uma visão diagnóstica. Porto Alegre: Artes Médicas, 1994.

MCCONNELL, Steve. Code Complete. 2,ed. Porto Alegre: Bookman, 2005.

MORIN, Edgar. Os Sete Saberes necessários à educação do futuro. Cortez, 2000.

NUNES, Guida. Rio Metrópole de 300 Favelas. Petrópolis: Vozes, 1976.

Diego Brito

OBAMA, Barack. A audácia da esperança: reflexões sobre a reconquista do sonho americano. São Paulo: Larousse, 2007.

PIAJET, Jean. A equilibração das estruturas cognitivas: problema central do desenvolvimento. Rio de Janeiro: Zahar, 1976.

RABUSKE, E. A. Antropologia Filosófica. Petrópolis: Vozes, 2001.

ROGERS, C. R. Tornar-se pessoa. São Paulo: Martins Fontes, 2009.

ROGERS, C. R. Terapia centrada no cliente. São Paulo, São Paulo: Martins Fontes. (Original publicado em 1951)

SANTOS, Milton, Metamorfoses do espaço habitado, Hucitec, S. Paulo 1991 (2ª ed.).

SCOTT, John. 50 grandes sociólogos contemporâneos. São Paulo: Contexto, 2009.

SCHULTZ, D. P.; SCHULTZ, S. E. História da Psicologia Moderna. São Paulo: Cultrix, 2000.

STAIRS e REYNOLDS. Princípios de sistemas de informação. 9. ed. São Paulo: Thomson, 2006

Algumas ideias sucintas para a Psicologia: enquanto ciência e profissão em construção

SKINNER, B. F. Ciência e Comportamento Humano. Brasília: Ed. UnB/ FUNBEC, (1953), 1970.

SKINNER, B. F. O Comportamento Verbal. São Paulo: Cultrix/ EDUSP, (1957), 1974.

SZYMANSKI, Heloisa (org.). A entrevista na pesquisa em educação: a prática reflexiva. Brasília: Plano, 2002.

TOFFLER, A. Previsões e premissas. São Paulo: Record, 1983.

TOFFLER, A. terceira onda. São Paulo: Record, 2000.

ZIMERMAN, David E. Fundamentos Psicanalíticos: teoria, técnica e clínica. Porto Alegre: Artmed, 1999.

www.ingramcontent.com/pod-product-compliance
Lightning Source LLC
Chambersburg PA
CBHW051345280526
45784CB00007B/2823